A PSICOLOGIA DA PESSOA

Blucher

KARNAC

A PSICOLOGIA DA PESSOA

Neville Symington

Tradução
Beatriz Aratangy Berger
Patrícia Fabrício Lago

Authorised translation from the English language edition published by Karnac Books Ltd.

A psicologia da pessoa

Título original: *The Psychology of the Person*

© 2012 Neville Symington

© 2017 Editora Edgard Blücher Ltda.

Equipe Karnac Books

Editor-assistente para o Brasil Paulo Cesar Sandler

Coordenador de traduções Vasco Moscovici da Cruz

Revisão gramatical Beatriz Aratangy Berger

Conselho consultivo Nilde Parada Franch, Maria Cristina Gil Auge, Rogério N. Coelho de Souza, Eduardo Boralli Rocha

Blucher

Rua Pedroso Alvarenga, 1245, 4º andar
04531-934 – São Paulo – SP – Brasil
Tel.: 55 11 3078-5366
contato@blucher.com.br
www.blucher.com.br

Segundo o Novo Acordo Ortográfico, conforme 5. ed. do Vocabulário Ortográfico da Língua Portuguesa, Academia Brasileira de Letras, março de 2009.

É proibida a reprodução total ou parcial por quaisquer meios sem autorização escrita da editora.

Todos os direitos reservados pela Editora Edgard Blücher Ltda.

FICHA CATALOGRÁFICA

Symington, Neville

A psicologia da pessoa / Neville Symington; tradução de Beatriz Aratangy Berger, Patrícia Fabrício Lago. – São Paulo: Blucher, 2017.
224 p.

ISBN 978-85-212-1180-8

Título original: *The Psychology of the Person*

1. Psicanálise 2. Psicologia I. Título. II. Berger, Beatriz Aratangy. III. Lago, Patrícia Fabrício.

17-0428   CDD 155.2

Índices para catálogo sistemático:
1. Personalidade

Agradecimentos

Há muitas pessoas a quem agradecer. Meu entendimento da pessoa tem origem na forma como fui tratado por minha mãe e meu pai, e posteriormente na inspiração obtida de certos professores na minha primeira escolinha em Oporto, mais tarde na escola pública na Inglaterra e, ainda mais tarde, quando eu estava na faculdade. Inspiração é a palavra certa. Tive a sorte de ter professores em cada grau do ensino que acenderam uma chama de entusiasmo dentro de mim, e sou profundamente grato a todos eles.

Tenho uma dívida especial com John Klauber, meu analista durante a formação analítica. Ele me "viu" e, mais do que me ver, acreditou em mim. Viu quem eu era e não tentou me encaixar em algum sistema de pensamento impessoal.

Este livro é uma expansão de uma série de palestras que dei na Tavistock em junho de 2009, organizada por Jane Ryan, da Confer. Devo um agradecimento a muitos na plateia que contribuíram e

6 AGRADECIMENTOS

ampliaram minha compreensão. Em particular Gilit Hurvits, que estava presente e que também leu meus principais trabalhos e fez comentários úteis. Havia outros na plateia, como meu velho amigo e colega Isca Wittenberg, com quem tive conversas significativas. Eu também gostaria de agradecer a David Shulman, que leu alguns dos capítulos. Foi ouvindo a seu trabalho sobre "Imaginação", em outubro de 2005, que percebi pela primeira vez como o ato criativo tem uma função transitiva, e eu também gostaria de agradecer à minha colega Gabi Mann, que iniciou esse contato frutífero.

Gostaria de agradecer à senhora Jan Campbell-Thompson, que revisou todos os capítulos, evitou repetições e indicou corretamente onde eram necessárias mais explicações. Foi um trabalho exaustivo que tomou muito do seu tempo, e sem ela eu não poderia ter produzido o livro.

Sobre o autor

Neville Symington é psicanalista em consultório particular em Sydney, Austrália. Quando jovem, formou-se em Filosofia e, em seguida, em Teologia. Mais tarde, cursou Psicologia e formou-se em Psicologia Clínica. Fez sua formação analítica em Londres e é membro da Sociedade Psicanalítica Britânica. Ocupou uma posição sênior no departamento de adultos da Clínica Tavistock entre 1977 e 1985. Também coordenou a disciplina de Psicologia dos departamentos de adultos e adolescentes na Clínica Tavistock, em Londres. Em 1986, migrou para Sydney, Austrália, onde presidiu o Instituto de Psicanálise de Sydney entre 1987 e 1993. Foi presidente da Sociedade Psicanalítica Australiana entre 1999 e 2002. É autor dos livros *The Analytic Experience*, publicado pela Free Association Press e pela St. Martin Press; *Emotion and Spirit*, publicado pela Cassell e mais tarde republicado pela Karnac; *Narcissism: A New Theory*, *The Making of a Psychotherapist*, *The Spirit of Sanity*, *A Pattern of Madness*, *How to Choose a Psychotherapist*,

8 SOBRE O AUTOR

The Blind Man Sees, A Healing Conversation e *Becoming a Person through Psychoanalysis,* todos publicados pela Karnac. É coautor com Joan Symington de *The Clinical Thinking of Wilfred Bion,* publicado pela Routledge. Também publicou, pela Free Association Press, um romance chamado *A Priest's Affair,* e, pela Karnac, um livro de poesia, *In-gratitude and Other Poems.*

Em 2007, começou uma organização clínica chamada Psicoterapia com Pacientes Psicóticos (PPP). Sua primeira conferência foi em fevereiro de 2010 com Michael Robbins como orador principal, juntamente com ele próprio e Jim Telfer. Lecionou na Grã-Bretanha, Noruega, Dinamarca, Polônia, Portugal, Alemanha, Estados Unidos, Brasil, Israel, Índia, Japão, Nova Zelândia e Austrália. Tem um website: www.nevillesymington.com.

Conteúdo

Introdução	11
1. A análise criando a pessoa	15
2. Um princípio criativo	33
3. Manifestações do princípio criativo	51
4. O princípio criativo gera a pessoa	67
5. Pessoa gera pessoa	83
6. Significado como a experiência subjetiva da unidade	99
7. Determinação histórica dos problemas	117
8. Resistência a se tornar uma pessoa	137
9. Aquilo que esmaga o pessoal	155
10. Princípio totalmente inclusivo	175
11. Quando princípios totalmente inclusivos estão difusos	191

10 CONTEÚDO

Epílogo	207
Referências	213
Índice remissivo	219

Introdução

Neste livro, procuro esboçar uma "psicologia da pessoa". A definição de "pessoa" subentende que não há duas pessoas iguais, nem mesmo gêmeos idênticos. Isso é óbvio e ninguém sensato contestaria esse ponto de vista, mas ainda assim são utilizados muitos termos que apontam para a semelhança entre duas ou mais pessoas. Por exemplo, costuma-se dizer que um indivíduo está *identificado* com outro, o que em linguagem comum significa que ele se torna o *mesmo* que o outro, embora isso seja impossível. Como Vasily Grossman diz, "tudo o que vive é único. É inimaginável que duas pessoas, ou duas rosas, sejam idênticas..." (1995, p. 19). Contudo, a palavra *identificar* ou *identificação* é usada tão frequentemente que parece ser um ideal valorizado que as pessoas, incrivelmente diferentes, deveriam ser condensadas em uma massa informe. É fato que um autor pertencente a uma escola de pensamento citará outros autores dessa mesma escola de pensamento, pessoas esculpidas a partir do mesmo elemento. Os Kleinianos quase sempre

12 INTRODUÇÃO

citam seus colegas Kleinianos, os psicólogos do *self*, aqueles da sua própria escola, e assim por diante.

Se não posso confiar nas premissas de determinada escola de pensamento, como poderei conhecer a vida interior do outro e entrar em uma relação de compreensão com ele? A resposta rápida seria que, para ser capaz de fazê-lo, é necessário que eu seja uma pessoa. Então o que é uma pessoa? Como uma pessoa difere de alguém que não é uma pessoa? Acontece uma revolução e de repente chega uma pessoa na minha frente e começa a falar do horror de sua condição anterior enquanto robô. O que ocorreu? Se fosse possível radiografar sua alma, o que o radiologista emocional veria agora que não havia antes?

Este livro se propõe a responder a essas perguntas. Tento formular uma "psicologia da pessoa". Não penso que isso já tenha sido feito. A escola relacional investigou o problema em um nível clínico prático, mas considero que, tanto na psicanálise como na psicologia, a ab-rogação da pessoa foi muito generalizada, sendo preciso enfrentar o problema em seu núcleo. Lembro-me da visão de G. K. Chesterton sobre o que é necessário quando uma doença social requer diagnóstico:

> *Se seu avião está ligeiramente indisposto, um homem habilidoso pode repará-lo, mas se está gravemente doente, o mais natural é que seja necessário desencantar de uma universidade ou de um laboratório um velho professor distraído, com cabelos brancos e revoltos, para analisar o mal. (1910, p. 11)*

Estou por certo suficientemente velho e distraído para me qualificar à tarefa de analisar o que constitui uma pessoa. Não tenho cabelo branco nem qualquer status de professor, então apresento minha tese na esperança de estimular que um verdadeiro professor se apresente, corrija e amplie o que escrevi aqui. Há livros acadêmicos tais como *Personal Being*, de Rom Harré (1983), com suas distinções cuidadosamente introduzidas, mas o que quero fazer aqui é colorir, de vermelho e preto, o que constitui e o que não constitui uma pessoa. Espero que, ao fazê-lo, evoque melhores respostas do que fui capaz de dar, como Daniel Dennett sugere em sua teoria da consciência: "Ainda há muitos erros na teoria que ofereço aqui, e espero que eles sejam evidentes, pois assim provocarão melhores respostas dos outros" (1993, p. xi). Tenho certeza, agora, de que existem suposições de pano de fundo que nos cegam à pessoalidade. São esses pressupostos de pano de fundo que pretendo ressaltar com um feixe de luz clara, e substituí-los por outros que façam justiça à realidade da pessoa. O indivíduo é um desafio para qualquer teoria que tente homogeneizar as pessoas conforme um princípio que não tenha abstração suficiente para harmonizar as diferenças, tanto entre pessoas individuais como no interior do compósito do próprio indivíduo.

O pensador notável, ainda que esquecido, Macneile Dixon afirma:

> *A coisa mais problemática no mundo é o homem individual... Há homens veementes e de cabeça quente, homens abnegados e conciliatórios. Há homens sibaritas e ascetas, sonhadores e ativos homens de negócios, inteligentes e estúpidos, mundanos e religiosos, zombadores e místicos, combativos, leais, astutos, traiçoeiros, alegres e melancólicos. (1958, p. 171)*

14 INTRODUÇÃO

Cito isso a fim de enfatizar seu uso da palavra *problemática*. Ele deveria, naturalmente, ter dito *homens e mulheres*. A pessoa é um problema para regimes ditatoriais, mas também para todas as escolas de pensamento que tentam enquadrar a pessoa humana em um sistema – isso é algo que a pessoa não permitirá. A doença moderna é a que reduz a pessoa única a uma unidade indefinida de acordo com uma uniformidade ordenada. Martin Buber observou isso há muito tempo: "nessa ideia da vida social, duas coisas fundamentalmente diferentes são combinadas – primeiro, a comunidade que é construída a partir da relação e, segundo, a coleção de unidades humanas que não conhecem relação – a condição palpável do homem moderno de falta de relação" (1987, p. 137). Essa condição em que há uma falta de relação é escrita na linguagem e nas teorias da psicologia, psicanálise e psicologia social. Espero que um fruto deste livro seja aumentar a consciência acerca dessas teorias e modelos que implicitamente levam ao banimento da pessoa.

1. A análise criando a pessoa

Cinco anos atrás, passei um dia no setor de emergência para adolescentes em um hospital psiquiátrico. No final do dia, Jocelyn, uma integrante do *staff*, veio perguntar se poderia marcar uma sessão comigo. Dois dias depois ela chegou. Estava na casa dos trinta, era casada havia onze anos e tinha dois filhos pequenos, um menino e uma menina, de oito e seis anos. Seu marido deixava todas as decisões para ela. Para onde iriam nas férias? *Ela* tinha que decidir. Para qual escola nossa filha deve ir? – era *ela* que tinha que definir. Devemos mudar de casa? Ele não sabia, *ela* tinha que resolver. Quando estavam indo visitar os pais dela, ele perguntou sobre o que deveria conversar com eles. Irritada, ela lhe disse que teria que deixá-lo; que não aguentava mais. "Por favor, o que você quer dizer com isso?" ele perguntara a ela. Jocelyn tentou explicar. Ele, então, olhando para ela com olhos suplicantes, disse que se esforçaria mais, mas "Por favor, me diga o que fazer?". Havia algo muito triste naquilo; ele parecia um bom homem, amava os filhos,

16 A ANÁLISE CRIANDO A PESSOA

amava sua esposa, mas onde estava o *Eu* que sente, que deseja, que toma decisões, que julga, que anseia, que ama? Isso provavelmente servira para sua esposa quando se casara com ele, mas ela crescera, começara a ser ela mesma, algo desabrochava nela, e agora ela queria *pessoalidade* na figura do marido, e não um clone de si mesma. Um *Eu* estava saindo de um ovo. Na sessão, ela buscou minha ajuda para saber se deixar o marido seria a coisa certa a fazer. Existiam resquícios de seu marido clonado dentro dela (precisando de mim para lhe dizer se deveria ou não o deixar), mas sua liberdade já havia se manifestado, e o lado "siga o líder" havia encolhido.

Como podemos entender o problema de seu marido? Parecia não haver um *Eu* dentro dele. Na última década tive muitos pacientes sofrendo dessa condição. É comum, para mim, ouvir um paciente dizendo: "Estou deprimido, mas estou feliz por estar sentindo isso", ou "Fiquei bravo quando você finalizou a sessão ontem, mas é um alívio sentir isso". Veio até mim um homem cuja mulher havia morrido em um trágico acidente dez anos antes, e me disse que sabia que isso era triste, mas que não conseguia sentir tristeza. O que é comum a todos esses casos é a ausência de um *Eu* que sente. Algumas vezes, se apresenta de forma mais restrita. Um dramaturgo uma vez disse: "Sei que o que escrevo é bom, mas não o sinto".

Tratar pessoas nessa condição me convenceu de que o *Eu* está lá potencialmente em todos, mas em algumas pessoas não se desenvolveu. A imagem que mais se aproxima do *Eu* ausente é a de uma geleia esparramada sem algo que a mantenha unida – não há *Eu*. Ainda assim, há um desejo inato, ou mesmo uma necessidade premente, de ter uma coesão, então uma solução comum é encontrar um molde externo em que essa geleia esparramada possa ser contida. Um homem que lera muitos livros de psicanálise, por exemplo, disse que agora era maduro e tinha vínculos seguros, mas seu comportamento desmentia isso; sexualmente, ele era confuso e sem direção. Então, se existe esse desejo inato, vindo de um conhecimento interior, por que não se desenvolveu em uma coerência interior? Há uma semente que não foi regada ou levada à luz solar. A impressão que tenho é que esse pequeno núcleo de potencial busca um ambiente onde possa crescer, desenvolver-se e vir a ser, de tal forma que o objetivo do procedimento terapêutico não é curar uma ferida ou abaixar defesas, mas sim construir um *Eu* que nunca esteve lá. A tarefa é trazer uma criança à idade adulta; criar um *Eu*. O trabalho de um analista, terapeuta ou cuidador humano não é reparar o que foi danificado, mas criar o que ainda não chegou a ser.

Temos uma teoria de que existe um *Eu* que evita certos eventos por serem dolorosos. Isso, no entanto, pressupõe que existe um *Eu* pleno, que pode enfrentar ou suportar a dor, o que leva a um moralismo velado. A suposição aqui é que o *Eu* ainda não está formado. A função do psicanalista é formar o *Eu*. Um paciente me disse: "Acho que Descartes errou. Não é 'Penso, logo existo', e sim 'Você pensa, logo existo'". A crença aqui é que uma pessoa pensando sobre a outra leva ao nascimento do *Eu*.

Existem duas maneiras pelas quais qualquer elemento pode existir na personalidade. Pode estar presente, seja incriado ou criado.[1] A tarefa da psicanálise é criar o incriado, criar o que já está lá. Darei alguns exemplos para explicar o que quero dizer. A gravidade existia antes de Isaac Newton, e ainda assim, ele a criou – ele criou o que já estava lá. Ele não impôs algo sobre o universo nem simplesmente o descobriu. É aclamado como um gênio por que, pelas suas observações e cálculos, ele deu feitio a algo, criou uma realidade que já estava lá. Esse é um conceito difícil de alcançar. Outra forma de tentar compreendê-lo é pela condição de *anosognosia*, quando alguém não sabe que um membro amputado ou disfuncional é como é, acreditando ter ainda um membro

18 A ANÁLISE CRIANDO A PESSOA

totalmente funcional. Isso ocorre quando há dano do lado direito do cérebro, ao qual a faculdade mental criativa é vinculada. É pelo hemisfério direito que ocorre o trabalho criativo. A parceria mente-cérebro não é capaz de criar o que existe quando há dano no hemisfério direito. Isso sugere que só sei que minha mão é minha mão, que minha perna é minha perna, que meu braço é meu braço, se criei o que já estava lá – não sei disso até que o ato criativo tenha ocorrido. Encontrei um paciente que não sabia que sua mão era *sua* mão, mas precisava que seu psicoterapeuta contasse isso a ele. Então, no caso de *anosognosia*, quando um membro é amputado, a função criativa fica impossibilitada, e o indivíduo, aflito, fica sem saber que seu membro foi amputado. A criação original de um membro funcional não pode ser revertida. O artista que pintou o quadro morreu, por isso não pode restaurar a pintura. Para saber que tenho um membro amputado, preciso criar o que está lá. Se quando estava criando eu tinha um braço esquerdo sem danos, então é isso que sei, pois foi o que criei, mas se minha fonte criativa estiver prejudicada no momento em que meu braço esquerdo for amputado, então ficarei com o que foi criado antes do evento. Sei através da criação. Não posso saber o que não criei.

Esse foi o grande *insight* de Giambattista Vico, que ensinou que temos um conhecimento especial daquilo que criamos. Enquanto Descartes pensava que conhecemos melhor o mundo incriado da natureza, Vico disse que este é apenas percebido pelo seu exterior. Só Deus, disse Vico, pode conhecê-lo, porque o fez, o criou. Nós humanos só podemos conhecer aquilo que criamos, e estendo esse *insight* de Vico até mesmo ao nosso próprio corpo. Essa é a importância de percebermos que mesmo o que existe precisa ser criado. A terceira analogia é com a da condição do autismo, cuja raiz acredito ser a mesma do caso da *anosognosia*. A criança autista (e o adulto autista) não se relaciona com sua mãe ou com os outros, porque a relação não foi criada. O elo de ligação entre um humano e o outro também precisa ser criado, assim como os membros do corpo. Quando essa função criativa é defeituosa, a relação não é criada, o que resulta no que conhecemos como *autismo*. O lado direito do cérebro e esse *poder formador* da mente são fortemente conectados, e se aquele não estiver funcionando, os dados com os quais nascemos não se tornarão nós; minha mão não se tornará minha, aquela mulher não poderá se tornar minha mãe. A quarta analogia é um exemplo clínico: a mãe de uma mulher morreu quando ela tinha quinze anos; ela tinha agora trinta e um. A morte da mãe era um fato biográfico, mencionado como se dissesse respeito a alguém com significado remoto para ela. Então, ela teve um sonho em que estava voando como um pássaro sobre a casa onde nasceu, e ao olhar para baixo, viu um funeral em procissão deixando a casa, com sua mãe no caixão, ela sabia. Criara então o evento da morte de sua mãe; agora ela sabia que sua mãe havia morrido, não apenas objetivamente, mas subjetivamente. Sonhar como um poder criativo – e não como uma realização de desejo instintivo, como Freud acreditava – era central para o pensamento de Wilfred Bion, que usou o termo *função alfa* para descrevê-lo. Então a questão clínica é: como procedemos se essa função criativa estiver subdesenvolvida?

A consciência é produto dessa atividade criativa interna. Ter consciência significa que agora sei algo que não sabia antes. Todos conhecemos a frase: "Eu já sabia, mas agora sei que sei". A atividade criativa interna é primária; a consciência, secundária. Essa atividade criativa interna invisível produz a consciência, reúne elementos díspares em um padrão; a unidade é o cerne da consciência. Se algo é inconsciente é porque o que está lá ainda não foi criado, há uma dispersão de elementos, e essa é a razão pela qual eles são inconscientes. A função criativa opera sobre os elementos díspares,

20 A ANÁLISE CRIANDO A PESSOA

trazendo-os para uma unidade. Muito antes de Isaac Newton, pessoas viam maçãs caindo de árvores, rios despejando suas águas pelas montanhas até o mar, animais presos à terra e não flutuando no ar, a lua circundando a terra, os planetas circundando o sol. Em um ato criativo, Newton determinou um princípio unificador interior. Chamou esse princípio de gravidade. De forma análoga, os elementos díspares na personalidade tornam-se material de um ato criativo que os unifica.

A consciência pode ser muito restrita ou não estar presente. Isso pode ser dever-se à função criativa estar subdesenvolvida, ou porque criar sobrecarrega a personalidade com a dor da solidão. Esses dois se cruzam, e espero mostrar como tal função pode crescer e se expandir. Outras dores acompanham: culpa, vergonha, decepção ou tristeza. A solidão é primária, e a consciência dela é o registro subjetivo do nascimento da pessoalidade.

Precisamos considerar quais são as condições necessárias para o florescimento dessa função criativa. O hemisfério direito é onde a função criativa está situada no cérebro, de forma que danos a ele desativam a função criativa. Qual seria, no entanto, o correlato mental do lado direito do cérebro? Precisamos pensar na função criativa como uma semente que precisa ser fomentada, e se for assim, quem ou o que é responsável por esse fomento?

Voltemo-nos inicialmente à pesquisa acerca do vínculo primário mãe-bebê. Começo com uma citação de Peter Hobson:

> *A pessoa que é livre para avaliar vínculos é capaz de assimilar e pensar sobre suas próprias experiências passadas nos relacionamentos, mesmo quando estas tenham sido insatisfatórias. Tem espaço mental para se relacionar*

consigo e com os outros. Pode refletir sobre seus próprios sentimentos e impulsos e pode perdoar e tolerar suas próprias deficiências. Então tem também espaço para se relacionar com seu próprio bebê como uma pessoa independente e separada, e ser sensível aos estados mentais do bebê, de tal forma que o bebê ficará propenso a estabelecer um vínculo seguro. (2002, p. 178)

Quando a própria essência da mãe – sua relação consigo mesma – está presente, traz à vida a mesma essência em seu bebê. O que precisamos analisar aqui é o que significa "vínculo seguro". A ligação entre um indivíduo e outro pode ser um "vínculo por proximidade" ou uma "conexão intuitiva". A primeira vem de fora, enquanto a segunda vem de dentro. A primeira foi chamada "identificação adesiva" por Esther Bick (1986, p. 62). Martin Buber referiu-se a ela como "diferenciação através de pura justaposição" (1987, p. 38). A última é um ato de compreensão que vem de dentro. Precisamos, portanto, penetrar no ato de compreensão e ver, tanto quanto possível, o que é e o que constitui o ato de compreensão. Há uma interiorização e aceitação que moldam o ato de compreensão. Mas o que provoca a interiorização? O que provoca a aceitação?

Temos que decidir aqui se há alguma substância no mundo que seja imaterial. Adoto a postura de que, entrelaçadas no mundo dos objetos físicos, existem relações entre eventos que são reais, porém não detectáveis por não serem materiais. Isso foi expresso suscintamente pelo filósofo canadense Peter March (2004):

Se a mente fosse um sistema de relações físicas entre objetos materiais então, de certa forma, a mente não seria visível. Considere primeiro a simples relação "na frente de". Tomemos o exemplo em que alguém diz que uma de suas mãos está na frente da outra. *Em certo sentido, é verdade que essa relação entre dois objetos não é visível em si – no sentido em que os objetos em si são visíveis. A relação naturalmente existe, mas se nos perguntassem a cor ou a forma da relação, ficaríamos confusos. Então, admitindo que dizemos poder ver que alguém está na frente de outra pessoa, e admitindo ainda que a maioria das relações físicas são descobertas devido à informação visual, ainda assim, como não têm cor nem forma, violam nossa intuição, que afirma que tudo o que pode ser visto, no sentido primário, deve ter cor e forma. Em outro sentido, essas relações são invisíveis porque os relata relevantes não são facilmente observáveis. Pode-se dizer que é um fato visível que uma das mãos pode ser vista na frente da outra. Mas as relações da mente existem como relações entre estruturas neurais da pessoa e objetos que não são partes do corpo da pessoa; portanto, e como esses relata não são visíveis a olho nu, as relações não são visíveis. Não podemos ver que uma das mãos está na frente da outra se não podemos ver uma das mãos. O que isso significa é que, se a mente é um sistema de relações, então seríamos incapazes de fornecer sua cor ou sua forma, nem conseguiríamos detectar as relações relevantes pela visão.*

Pode-se pensar nesses *relata*, como Peter March os chama, como interiorização e aceitação. Esse entre-as-duas-mãos aceita ambas as mãos e, ao mesmo tempo, interioriza cada mão. Essa relação não é material. Considero então que há uma qualidade não material que interpenetra o universo. É essa interpenetração que ocorre entre duas pessoas que se tornam conscientes no ato da compreensão.

Em outro momento me referi a "vínculo por proximidade" ou "diferenciação por pura justaposição" como "vínculo como-cola" (Symington, 2002, pp. 80-81). É uma ligação ao outro de superfície a superfície, onde não há relação, não há compreensão, não há interiorização. O termo *vínculo como-cola* indica que a justaposição é firmemente segurada. Uso *como-cola* ao invés de adesiva por ser mais próximo de uma fotografia ou imagem com poder emocional. Freud, em sua exposição teórica, não diferenciou a forma como chegamos ao conhecimento dos seres humanos da maneira como chegamos ao conhecimento do mundo não humano. Processamos estímulos provenientes do exterior pelos sentidos. O ego, ele disse, processa os estímulos do mundo exterior (e do mundo interior) sem qualquer diferenciação. É o mesmo processo quer o objeto externo seja uma rocha, um prédio, uma tartaruga ou um ser humano. Entretanto, Freud foi honesto e notou instâncias que seriam exceções:

> *Tenho boas razões para asseverar que todos possuem, em seu próprio inconsciente, um instrumento com que pode interpretar as elocuções do inconsciente das outras pessoas.*
>
> *(Freud, 1913i, p. 320)*

> *Constitui fato marcante que o Ics. de um ser humano possa reagir ao de outro, sem passar através do Cs. Isso merece uma investigação mais detida, principalmente com o fim de descobrir se podemos excluir a atividade*

24 A ANÁLISE CRIANDO A PESSOA

> *pré-consciente do desempenho de um papel nesse caso;*
> *descritivamente falando, porém, o fato é incontestável.*
>
> *(Freud, 1915e, p. 194)*

Porém, ele nunca fez uma teoria que fundamentasse seu conhecimento de que uma atividade desse tipo ocorre entre seres humanos. O resultado é que há um suporte teórico que sustenta o *vínculo como-cola*, mas não a *conexão pela intuição*. Então, por exemplo, um homem me disse: "Suas interpretações não estão corretas, mas sei que você está tentando compreender, e é isso que importa para mim". Ao dizer que sabia que eu estava tentando ajudá-lo, não penso que estivesse moderando sua crítica para me agradar. Então, como ele *sabe* que estou tentando compreender? Não é que eu tenha dito a ele: "Estou tentando compreendê-lo, saiba disso". Ele não sabe através de palavras. Ele possui alguma faculdade que alcança do seu coração ao meu. Há uma penetração em mim. Alguma matéria mental dele estende-se à minha matéria mental.

Outra forma de abordar o tema é analisar o ato de compreensão. Alguém está tentando me explicar algo, mas não estou compreendendo. A pessoa explica de outra maneira, e ainda não compreendo, então ela faz uma observação ao acaso e de repente compreendo. Compreendo a partir de um lugar em mim que é não verbal. O ato da compreensão não está nas palavras que meu amigo usou para explicar. São indicadores *em direção a*. Mas *em direção a* quê? Uma experiência. O indicador precisa estar suficientemente perto da experiência para que eu consiga apreendê-lo. Contudo, no ato da compreensão há um elemento novo. A luta se dá em duas partes. Tenho um conjunto de atos de entendimento, os quais são um depósito dentro de mim. Então, uma tarefa em que estou envolvido é procurar por um desses em especial. Tive um ato de compreensão e ele informa minha maneira de me relacionar com o mundo, mas minha atenção precisa ser levada a ele. As palavras são como nomes colocados em arquivos. É preciso nomear arquivos de forma que conteúdos específicos sejam facilmente encontrados. Quando meu amigo usa palavras diferentes, não consigo encontrar o conteúdo, pois não foi com aquelas palavras que arquivei aquele conteúdo específico de experiência. Quando, de repente, a observação ao acaso me leva ao arquivo certo, é porque é o nome correto do arquivo, ou muito próximo a ele. Isso significa que todos os conteúdos já estão lá e é só uma questão de os encontrar? Nenhum conteúdo novo pode ser adicionado ao repertório que já está lá? Para isso, há duas respostas: uma é que pode ocorrer uma nova experiência, e a outra é que uma abstração maior abrange o que está lá, porém mais profundamente.

Começarei pela primeira. Iniciarei com um exemplo que vem do romance de Tolstói *Anna Karenina* (1877). Anna está prestes a dar à luz um bebê que concebeu com Vronsky. Karenin, o marido de Anna, está a caminho de casa, de Moscou a São Petersburgo. Ele odeia Anna e espera que ela morra. Então, quando ele a vê e observa o parto, muda e enche-se de amor por ela. Tolstói comenta: "precisou que ele visse sua mulher morrendo para perceber que a amava". Em seu coração havia amor por ela, mas esse amor estava lá antes de ver sua mulher morrendo? No comentário de Tolstói há uma implicação de que, ao ver sua esposa morrendo (na verdade ela não morre naquele momento, mas ele não sabe disso), nasce um amor em seu coração que ele não sabia que estava lá. Mas estava lá? A resposta é sim e não. Foi necessária a experiência de ver sua esposa morrendo para que ele se desse conta disso. É como regar uma semente seca. A experiência de ver a esposa morrendo leva ao nascimento. Há uma relação entre seu coração e o evento exterior que faz nascer uma emoção conhecida como amor. Existe, assim, um evento que é tanto interno quanto externo. Pode então

26 A ANÁLISE CRIANDO A PESSOA

ser nomeado. Karenin poderia tê-lo chamado de "emoção da morte", e talvez não compreendesse alguém tentando lhe explicar como o interior e o exterior estão conectados, até que essa pessoa casualmente dissesse, "é como o sofrimento com a morte de alguém", e de repente Karenin compreenderia, sendo que todas as tentativas anteriores de explicar com termos filosóficos haviam falhado. Temos aqui, então, o reencontro da experiência. Pode surgir algo a mais ou novo? Ou estamos dizendo que tudo está potencialmente ali, e que é preciso uma experiência para fazer com que nasça para que se torne real? A experiência de outra pessoa pode ser adicionada às minhas próprias? O que estou tentando explicar aqui é, "Minha compreensão pode ser ampliada através da experiência do outro?". Penso que a resposta é sim, mas somente se houver desejo na pessoa – isto é, se houver desejo de expandir a experiência; de nos abrirmos para o mundo do qual somos uma pequena parte. O outro pode dar-me sua experiência através do meu próprio ato de compreensão, mas deve haver uma proximidade para que isso ocorra. Meu próprio ato da compreensão traz dentro de mim a experiência do outro. Há interiorização mútua de um no outro. A matéria mental tem a capacidade de ser interiorizada no outro e receber o outro em si. O símbolo para essa interiorização mútua está no ato sexual, quando o pênis entra na vagina e a vagina recebe em si o pênis. A matéria mental tem essa plasticidade que permite interiorização mútua. O entendimento é a consequência consciente desse acontecimento invisível. Tomarei um exemplo da abordagem de Isaiah Berlin, contraposta à de Michael Polanyi, acerca da nossa compreensão do mundo.

Isaiah Berlin, baseando-se nos *insights* de Giambattista Vico, acreditava que a forma como conhecemos o mundo inanimado é diferente da forma como conhecemos nossos camaradas seres humanos: que existem diferentes formas de conhecimento. Temos conhecimento dos seres humanos a partir de dentro, enquanto nosso conhecimento do mundo não humano é a partir de fora. Podemos saber como é ser John Smith de uma forma que nunca poderemos saber como é ser uma tartaruga, uma vespa, uma árvore ou uma pedra. Essa era a posição de Isaiah Berlin, mas Michael Polanyi afirma que essa diferenciação não leva em conta a natureza do ato da compreensão. Ele afirma que o entendimento tem como base certa interiorização da mente no objeto. Afirma, assim, que há certa interiorização da mente até na natureza inanimada, e que o ato em si é semelhante, mas com outros seres humanos atinge um nível mais elevado de operação. Se compreendo Polanyi corretamente, ele quer dizer que quando Arquimedes entendeu o volume, aproveitando aquele famoso momento no banho de Siracusa, isso foi consequência de uma interiorização. Essa é uma boa ilustração, pois esse momento de *insight* aconteceu quando ele entrava na banheira e prestava atenção na água que seu corpo deslocava. O acontecimento físico sensorial está em um lugar, e o conceito mental de volume em outro, e há um salto do físico para o mental, mas há certa similaridade empática. Existe aqui a noção de que o evento mental transcende o acontecimento corporal. Assim, acredito ainda que o ato da compreensão não é apenas produto da interiorização mútua, mas também a transcende; a leva a uma nova dimensão. A interiorização está na essência do ato.

Considero, no entanto, que Isaiah Berlin está certo, pois a interiorização entre um ser humano e outro é recíproca, enquanto entre um ser humano e o mundo não humano não é. Existe uma capacidade para interiorização com outro ser humano que não acontece com o mundo não humano, então a possibilidade de interiorização é mútua com outro ser humano.

* * *

28 A ANÁLISE CRIANDO A PESSOA

Quando um elemento na personalidade é incriado o indivíduo é governado por ele; quando é criado, a pessoa tanto torna-se viva nele como o vive. A pessoa o vive como um processo; não o governa como uma posse. Se esse processo é infundido com um terceiro elemento de um tipo específico, então os dois polos do processo tornam-se pessoas.[2] O terceiro elemento precisa ser infinito para que esse processo ocorra. O processo é capturado através de imagens estáticas. A característica fixa dessas imagens deve-se a uma função na personalidade que as *fixa*. É a inteligência[3] que faz a fixação, que produz um quadro. O quadro é inicialmente uma imagem sensorial estática, e então é desnudado do aspecto sensorial, tornando-se assim um conceito. Ninguém enfatizou isso mais do que Henri Bergson, que afirma sobre a inteligência:[4] "sempre envolvida em determinar sob qual título antigo irá catalogar qualquer novo objeto" (1919, p. 51), e novamente, em outra passagem:

> *o intelecto representa tornar-se como uma série de estados, sendo que cada qual é homogêneo em si mesmo e, consequentemente, não muda.*
>
> *Nossa atenção é levada à mudança interna de um desses estados? Imediatamente o decompomos em outra série de estados que, reunidos, devem compor essa modificação interna... mesmo que façamos nosso melhor para imitar a mobilidade de tornar-se, através de uma adição que ocorre sem parar, o ato de tornar-se, em si, desliza por nossos dedos... o intelecto deixa escapar o que é novo em cada momento de uma história. Não admite o imprevisível. Rejeita toda criação.*
>
> *(Bergson, 1919, pp. 171-172)*

Bion refere-se a isso como o progresso de uma concepção para um conceito, que ele assim define: "O conceito deriva da concepção através de um processo destinado a libertá-lo de elementos que o tornariam inadequado para ser um instrumento na elucidação ou expressão da verdade" (1963, p. 24). A imagem estática materializada na personalidade é chamada de *mim*; a fonte do processamento é chamada de *Eu*. A fonte do processamento tem em si duas faculdades: uma operação dos sentidos e uma operação do intelecto.

Uma vez que a inteligência tenha fixado o processo em um conceito, a personalidade estará dominada por esse conceito; se a personalidade estiver em mau estado, aprisionará nela o processo-*Eu*. Um conceito estático é incriado tão logo retenha o processo-*Eu*.[5] Ele é criado quando a inteligência é serva do processo-*Eu*. Porque a concepção, nos termos de Bion, tem elementos sensoriais, tem um magnetismo que prende o *Eu* a ela. Isso significa que ela irá distorcer a verdade, porque o *Eu* está condicionado por essa ligação.

Assim, o incriado pode ser de duas formas. Pode ser algo que é recebido na personalidade, ignorando o processo-*Eu*, ou algo que foi criado pelo processo-*Eu*, mas o processo-*Eu* ficou aprisionado dentro dele. Embora criado pelo processo-*Eu*, tornou-se agora prisioneiro dentro da personalidade. Isso quer dizer que existe algo na personalidade que é capaz de materializar aquilo que foi criado.

O indício subjetivo de que isso ocorreu é a excitação. Marion Milner dá um bom exemplo disso:

> *Estava um dia dirigindo pela estrada montanhosa para Granada, na primavera, o sopé de terra vermelha em forma de cone coberto de amendoeiras em flor que entrelaçavam. Era o primeiro dia ensolarado depois de*

30   A ANÁLISE CRIANDO A PESSOA

dias de chuva. Eu estava muito feliz enquanto subíamos mais e mais alto no ar puro da montanha. Estava tomada por uma exultação do tipo que nos eleva acima de nós mesmos, e me senti poderosa e importante, como se de alguma forma fosse meu mérito que o campo fosse tão adorável. Ou, pelo menos, que eu era mais esperta do que os outros, por ter ido até lá para ver aquilo. Estava agradecida por não ser como os outros. Então percebi que as características do campo estavam mudando, mas assim que tentei olhar para trás em minha própria mente, descobri que lá não havia nada além de uma memória absurda da minha própria exultação, sem qualquer visão do que causara aquilo. Então me lembrei do fariseu e o estalajadeiro... Imediatamente, o aspecto do campo estava diferente. Eu só estava ciente disso, e nem um pouco de mim mesma. E depois, sempre havia aquela parte da Espanha que parece ocupar minha imaginação.

(Milner, 1937, pp. 208-209)

Portanto, o elemento sensorial, desde que o *Eu* esteja em estado de isolamento, é capaz de levar o *Eu* ao *êxtase*. O orgasmo sexual é apenas um caso extremo de algo que está presente em todas as ligações sensoriais. É por isso que os místicos enfatizaram a necessidade de desprendimento dos sentidos. Outro ângulo do mesmo ponto é a ênfase, dentre os que estudaram o vínculo, na necessidade de que a mãe seja capaz de refletir. A mãe que consegue refletir não é governada por um vínculo com memória sensorial, dolorosa ou prazerosa. Ela está separada da experiência. Aquela capacidade para refletir significa que o *Eu* está separado do sensorial, e agora é governado pela outra operação no processo-*Eu*: o intelecto. Isso é diferente da inteligência, que torna estático o que está em movimento. A inteligência apreende o *princípio totalmente inclusivo*, mas não o particular. As imagens vindas da arte, poesia ou música captam o particular; o intelecto só pode capturar o que é geral.

O criativo é um princípio de animação que governa a memorização, quer venha de um estímulo externo ou interno. É algo a que Picasso se referiu como olho interno metafórico, que contempla os sentidos com algo que eles não têm: a capacidade de ver e sentir emocionalmente (Penrose, 1971, pp. 91-92).

No primeiro caso, o indivíduo está psiquicamente morto; no segundo, está vivo e é uma pessoa. As duas palavras que usarei para distinguir entre eles são *indivíduo* e *pessoa*.

Existe um estado de demência quando alguém vive com elementos incriados. É isso que se quer dizer por demência: que não há qualquer princípio interno que inclua tudo regendo o que ocorre. Sanidade é quando os estímulos foram infundidos com o remédio do olho interior.

O objetivo deste livro é investigar se a psicanálise é capaz de transformar o *indivíduo* em uma *pessoa* e, se for, como.

Acredito que a psicanálise é capaz de transformar loucura em sanidade sob certas condições e com certas restrições. Nosso propósito neste livro é tentar mostrar que isso é possível.

32 A ANÁLISE CRIANDO A PESSOA

Notas

1. É evidente a ligação entre essa distinção e os *elementos beta* e *alfa* de Bion.

2. Esse "terceiro elemento" é examinado em detalhes no Capítulo 9.

3. Neste livro é feita uma diferenciação entre inteligência e intelecto.

4. Ele usa o termo "intelecto", mas refere-se ao que aqui chamo de "inteligência".

5. Penso que essa projeção de si mesmo na concepção é o que Bion quer dizer por torná-la saturada.

2. Um princípio criativo

A proposição é a seguinte: existe um princípio criativo em todos os seres humanos. Esse princípio não é conhecido diretamente, e sim indiretamente. Podemos inferir esse princípio, portanto, por suas manifestações. Marion Milner coloca isso claramente quando fala de como os artistas retratam a natureza:

> *Comecei a suspeitar que na verdade eles tentavam descrever o processo de submissão às respostas profundas e espontâneas de natureza interna, que foram estimuladas pelo contato com a natureza externa. (1987, pp. 222-223)*

O que ela está dizendo é que a "natureza externa" lhes deu uma ideia do que havia internamente. Quando essas manifestações têm a função de apontar e revelar os princípios internos invisíveis, as chamamos de símbolos.

34 UM PRINCÍPIO CRIATIVO

O fato de que tal princípio não pode ser conhecido diretamente é o mesmo que dizer que é inconsciente – isto é, não temos consciência da coisa em si, mas a inferimos através daquilo que aponta para sua presença. Isso não ocorre essencialmente por defesa da personalidade, mas sim porque a mente é orientada a objetos, mas não consegue aceitar sua própria fonte de atividade diretamente como um objeto, apenas indiretamente. Essa capacidade da mente de representar uma coisa por outra é a grande mutação que teve lugar na última parte do processo de *hominização*.

A importância dessa mutação não pode ser excessivamente enfatizada. Paleontólogos referem-se a ela como *transição do paleolítico médio ao superior*. Trata-se daquele momento entre 60.000 e 40.000 anos atrás, quando os primeiros humanos modernos começaram a fazer representações de objetos. *Hominização* refere-se à fase na evolução, cerca de 200.000 anos atrás, em que a vida animal se transformou no que agora reconhecemos como a espécie *Homo sapiens sapiens*, chegando à nossa estrutura anatômica atual, inclusive o tamanho do cérebro; mas os primeiros sinais do homem civilizado ocorreram há cerca de 60.000 anos, quando o *Homo neanderthalensis* começou a sepultar os mortos. Existem indícios de um ritual de sepultamento em uma caverna nas montanhas Zagros, no Iraque. Há polens fossilizados enterrados com o cadáver, indicando que foram enterradas flores com o homem, de forma ordenada. Antes disso, não há indícios de que os hominídeos enterrassem seus mortos. Minha hipótese é a seguinte: um ritual de sepultamento indica respeito por esse membro do clã, e uma honra desse tipo indica respeito por alguém que não é apenas uma unidade no sistema de clã, mas sim um indivíduo por si mesmo. Em um conto de Guy de Maupassant, foi preciso amputar o braço de um marinheiro no mar. Levaram o braço para a praia e fizeram um ritual de sepultamento, o que gera no leitor uma sensação estranha. Não existe sepultamento de um braço, mas somente de uma pessoa. Penso que antes daquilo que eu chamaria de crise do sepultamento, cada ser humano era tido somente como um membro do corpo; o corpo sendo a tribo ou o clã. Assim como o braço tem uma função no corpo, o indivíduo tinha uma função no corpo tribal. Porém, algo mudou no momento da crise do sepultamento – o indivíduo passou a ser visto como tendo valor em si mesmo, e não apenas como função de uma unidade. Esse foi o início da imensa mudança que ocorreu no período paleolítico superior/médio. Essa mudança não aconteceu do dia para a noite, mas sim em um processo de desenvolvimento que começou há 70.000 anos e completou-se há cerca de 10.000 anos. As pesquisas mostram que existiam áreas em que os hominídeos eram mais avançados do que em outras, mas, de forma geral, podemos dizer que antes de 70.000 anos, o indivíduo era uma função de um sistema, ao passo que 60.000 anos depois ele era também uma pessoa por si mesmo. A mudança, conhecida como transição do paleolítico médio ao superior, levou, portanto, cerca de 60.000 anos para ser plenamente consumada.

O que acabei de afirmar, todavia, não significa que o indivíduo como unidade no sistema desapareceu da face da terra. Em cada indivíduo existe uma parte "unidade-no-sistema" e outra "alguém--com–valor-em-si-mesmo".

O que se quer dizer de fato ao afirmar que um indivíduo tem valor em si mesmo? Significa que existe algo de valor além da função que ele exerce na tribo. O objetivo tribal é a sobrevivência, e o indivíduo é subordinado a essa finalidade. Isso significa que a transição do paleolítico médio ao superior foi uma alteração em que o instinto de sobrevivência foi substituído por um desejo pelo absoluto; que elementos que serviam à sobrevivência tornaram-se fins em si mesmos; que o indivíduo como fonte de ação tornou-se

36 UM PRINCÍPIO CRIATIVO

maior do que as ações em si; que ele tinha um valor que era maior que sua função na unidade tribal. Um humano não mais seria associado a outro somente porque era necessário para uma tarefa em conjunto externa a eles, mas sim para a satisfação mútua de cada um. A comunicação, que era uma força obrigatória por questão de sobrevivência, tornou-se um fim em si mesma, mudando a natureza da comunicação em si. Sobrevivência exige uma união que prende uma coisa em outra da mesma forma que um braço se prende ao tronco. Quando a sobrevivência como objetivo é razoavelmente alcançada, a natureza da comunicação se altera. Enquanto a comunicação é orientada por uma demanda externa, o mecanismo do movimento está fora do indivíduo, e não há preocupação com o indivíduo, mas sim com o grupo; um indivíduo pode morrer e isso não importa, mas o desastre maior seria o grupo perecer. Então, tendo a sobrevivência como meta, há uma coesão do grupo gerada externamente, mas com o advento da civilização, introduzida pela transição do paleolítico médio ao superior, a comunicação é gerada de dentro do indivíduo. A comunicação torna-se autogerada a partir de dentro, em vez de moldada externamente. A comunicação vinda do interior tem os seguintes componentes: desejo e imagens. As imagens dependem de eventos na memória que têm um significado interpessoal; em outras palavras, os eventos-memória significam algo interno, invisível. A relação entre pessoas, após o advento da civilização, é do interior para o interior, e não o exterior preso ao exterior. Enquanto antes um estava preso ao outro pelo poder vinculativo do instinto de sobrevivência, agora outro fator entra em jogo. Preciso transpassar meu isolamento até o mundo interior do outro. Para fazer isso, preciso gerar uma imagem que seja, ao mesmo tempo, um sinal de radar do mundo interno do outro, uma transmissão de um sinal para o outro e uma manifestação de minha própria vida interna invisível. Então a imagem gerada é de uma parte do meu próprio *self* invisível e também do outro. Isso significa que parte de mim e parte do outro são um só. Essa unidade é o que chamo de absoluto. Transcende as duas pessoas, mas ao mesmo tempo é totalmente imanente dentro delas. Isso é anterior ao aparecimento da linguagem. A linguagem tem dupla função: classificar uma série de imagens de partes e, ao mesmo tempo, particularizar e dar expressão refinada a essas partes.

Escrevi como se antes da transição do paleolítico médio ao superior somente operasse o instinto de sobrevivência, e depois, houvesse apenas uma relação de troca entre pessoas. A primeira afirmação pode ser amplamente verdadeira, mas o instinto de sobrevivência continua sendo uma força poderosa após o advento da civilização, e resta ainda um conflito entre esses dois princípios motivacionais. Os horrores da guerra que nos chocam com seus terríveis massacres são manifestações da motivação sobrevivência grupal; quando ficamos chocados por eles, nosso pensamento está motivado pelo absoluto.

* * *

O cérebro já tinha capacidade para essa mudança 150.000 anos antes, então o que aconteceu de tão dramático somente ontem, meros 50.000 anos atrás? E como isso aconteceu? A primeira evidência que temos de arte representacional é o homem-leão de Hohlenstein-Stadel, no sul da Alemanha, escultura de marfim com 28 centímetros de altura que tem entre 30.000 e 33.000 anos. Datam do mesmo período as pinturas na caverna Chauvet, em Ardèche, na França (descobertas somente em 1994). Lascaux e Altamira vieram depois – cerca de 20.000 anos atrás. Há pinturas em cavernas na Austrália, como as da Gruta Eylandt, no Golfo da Carpentária, que são contemporâneas às de Lascaux e Altamira, se não mais antigas.

38 UM PRINCÍPIO CRIATIVO

Representação coerente e sentimento são parceiros, e um não pode existir sem o outro. Um aspecto da área psicótica da personalidade é que não há representação sensorial e, portanto, não há sentimento. Representação e sentimento, tanto ontogenética como psicogeneticamente, registram um desenvolvimento dramático na entidade humana. Psicogeneticamente é tão significativo quanto o início do bipedalismo no processo de *hominização*. Mas como essa dramática mutação aconteceu? Como aconteceu é um mistério. Mithen e outros paleontólogos apresentaram uma tese que, no entanto, considero falha. Eles sustentam que existem diferentes módulos na mente, e que na transição do paleolítico médio ao superior passou a haver uma fluidez entre esses diferentes módulos. Acredito que isso não descreve, todavia, a essência do que ocorreu naquele momento fantástico na história humana, pois foi um acontecimento sem o qual a civilização não poderia ter ocorrido. A questão é "O que foi realmente a transição do paleolítico médio ao superior?" A chamada transição do paleolítico médio ao superior foi um acontecimento importantíssimo no drama humano que se desdobrava, tendo sido obscurecido pelo nome insípido que recebeu. Steven Mithen (1996, pp. 170-210) é feliz ao chamá-lo de "*big bang* da cultura humana". O que ocorreu nesse momento de pico na história humana foi que ingredientes que, até então, eram meios para um fim, tornaram-se fins em si mesmos. O mais importante desses fins era a comunicação, que então foi apreciada por ela mesma. Isso manifestou-se na dança, música, pintura, escultura e amizade. A linguagem se desenvolveu paralelamente a essas diferentes artes. Sugiro a definição de arte de Tolstói, em seu ensaio *O que é Arte?* (1899), em que ele rejeita as teorias estéticas de Baumgarten, Kant, Schiller, Fichte e Schelling, que concentraram sua explicação em um objeto que dá prazer, colocando-os, assim, na companhia de Bentham e Freud, que baseavam a motivação humana sobre esse mesmo princípio. Tolstói, ao contrário, define a arte como uma forma de comunicação. A definição de Tolstói, para mim, transmite convicção. Considera também a arte, em sua essência, como constituindo uma relação entre pessoas, ao invés de um fenômeno solipsista.

A representação emerge na mente quando a comunicação se torna um fim em si mesma. Por quê? Porque a representação é mais importante do que aquilo do que ela é uma transformação. Quando a comunicação é um fim em si mesma, então ela se torna o ato que exige uma conjunção interna antes do ato. A representação é aquela conjunção interna antes que o ato de comunicação ocorra. Charlotte Balkanyi descreve isso em relação à linguagem, quando diz:

> *Discurso e verbalização não são conceitos idênticos. Uma fração de segundo antes do discurso ser produzido, o orador exprime seu pensamento. No ato de falar, o primeiro passo é a verbalização, e o segundo, o discurso. (1964, p. 64)*

Verbalização é a representação específica que se refere à comunicação via linguagem. A linguagem é uma forma de comunicação, então representação é o conceito supraordenado, do qual a verbalização é um dos modos. A representação é o estado mais geral de "conjunção", que prepara para o ato da comunicação. Essa comunicação pode ser um gesto, um tom de voz, uma canção, uma pintura, uma escultura ou um discurso.

Essa "conjunção" unifica a personalidade. Pânico, doença mental, trauma, loucura, todos se referem a um estado de coisas quando elementos na personalidade estão em desordem. A cura ocorre quando se reúnem. Paul Tillich o expressa da seguinte

40 UM PRINCÍPIO CRIATIVO

forma: "A saúde não é a ausência de tendências divergentes em nossa vida corporal, mental ou espiritual, mas sim o poder de mantê-las unidas. E a cura é o ato de reuni-las após a ruptura da sua unidade" (1973, p. 52). O exemplo supremo de comunicação por si só ocorre na amizade. Um amigo, ao contrário de um aliado, é alguém com quem estou por ele próprio. Não existe outro motivo além desse. Eu e o outro gostamos de estar juntos. Quando meu amigo morre, não quero apenas jogar seu corpo em um depósito de lixo; faço um ritual de sepultamento, coloco flores como um sinal de beleza. O valor da pessoa por si só é expresso claramente por Homero, quando ele descreve o luto de Aquiles com a morte de seu amigo Pátroclo. De forma mais sistemática, Cícero afirma o seguinte em *Diálogos sobre a amizade*, com insistência inflexível:

> *Quem quiser alegar que uma amizade é formada para se ter algum tipo de vantagem parece-me estar pondo de lado as coisas mais agradáveis que tal associação pode oferecer. O que apreciamos em um amigo não é o benefício que derivamos dele, mas sim a afeição. Qualquer benefício prático vindo dessa afeição somente satisfaz quando é fruto da cordialidade.*

Antes dessa imensa mudança, o ato da comunicação servia a um ato ulterior. Quando a comunicação se tornou um fim em si mesma, algo mais emergiu. Alguém pode dizer, com simplicidade, que a representação é para a comunicação, após a "grande mudança", o que a comunicação foi para a sobrevivência antes desse evento evolutivo. Isso, porém, seria incorreto, porque, embora possa ser verdade que a comunicação serve à sobrevivência das espécies, não é verdade que a representação serve à comunicação; se tratam de realidades gêmeas.

Algo mais aflorou com a transição do paleolítico médio ao superior: intencionalidade. Surgiu essa cadeia tripartite de elementos interconectados: a comunicação tornou-se um fim em si mesma, a representação como "preparação para a ação" e a intencionalidade. O impulso para a sobrevivência é uma força cega, como as forças que governam o mundo inanimado. Não há "preparação para a ação" – o organismo é conduzido. O sistema nervoso autônomo é parte disso. Então a respiração, pulsação, audição, visão, tato, fazem parte do impulso para a sobrevivência. Intencionalidade significa que há uma causa cuja fonte é encontrada no organismo. Os instintos, como fome, sede, necessidade de abrigo contra calor ou frio intensos, também estão a serviço da sobrevivência, mas aqui, diferente do sistema nervoso autônomo, a intenção não é totalmente aniquilada. Por intenção queremos dizer uma causa que encontra sua fonte dentro do organismo. Alguém pode decidir morrer de fome, como fizeram recentemente os homens na prisão Maze, na Irlanda do Norte. A psicologia do estímulo-resposta baseia-se na tese de que o impulso para a sobrevivência é o princípio geral que explica tudo, de forma que o organismo reage ao estímulo externo sem qualquer possibilidade de não o fazer. É uma psicologia, portanto, que seria verdadeira para humanos antes da transição do paleolítico médio ao superior, mas não depois. Então é um princípio psicológico que está desatualizado em aproximadamente 50.000 anos. Está desatualizado se for descrito como sendo o único princípio motivador; é aplicável atualmente se for reconhecido como um princípio motivador compartilhado. A comunicação antes dessa transição também é escrava da sobrevivência. Nesse sistema, os indivíduos dentro do grupo estão sob uma lei regente e, portanto, não são de fato separados. A separação significa que se pode agir de forma diferente do outro, mas o impulso para a sobrevivência reúne todos no grupo em uma unidade amalgamada. O rebanho e o impulso para a sobrevivência são entidades

42 UM PRINCÍPIO CRIATIVO

conjuntas: uma unidade sensorial sem separação. A separação ocorre com base na capacidade interna de diferenciar, ou, em outras palavras, na intencionalidade. É somente quando alguém de dentro do rebanho se levanta e diz que está preparado para *não* sobreviver que a separação aparece no panorama.

No entanto, isso é extremamente difícil. Esse princípio conjunto – meios tornando-se fins em si mesmos, representação e intencionalidade – que surgiu com a transição do paleolítico médio ao superior encontra-se frequentemente em conflito com o impulso para a sobrevivência e com estar incorporado na manada. O grupo pressiona o indivíduo a conformar-se a seu mestre cego. Há uma forte necessidade nos seres humanos de ter solidez, de apoiar-se em terra firme. Esse terreno sólido pode ser encontrado em dois lugares distintos – na manada ou em um valor inexplicado.

A experiência mais assustadora para alguém é estar em lugar nenhum; acordo e descubro que estou em uma nave interplanetária à deriva no espaço. Olho ao redor e não vejo o planeta Terra, vejo apenas algumas estrelas distantes; não sei para onde vai a nave onde estou, e não consigo controlá-la; ela me leva onde quiser. Farei qualquer coisa para me estabelecer em algum lugar; encontrar terra firme sob meus pés. Olho para as árvores à minha volta e vejo seus troncos resistentes, com raízes plantadas profundamente no solo abaixo delas. Olho para essa terra onde posso criar raízes e descubro que existem dois lugares onde posso plantá-las: na manada da qual faço parte ou plantar-me na própria existência. A essência do meu próprio ser é que ele está *em relação*. É moldada com *receptividade*. Não pode ser nada. Então está *em relação* com a manada ou com a própria existência da qual a manada e eu fazemos parte. Em outras palavras, planto minha *receptividade* em algo específico, em parte do todo ou no todo. Se me prendo à parte, sou um objeto, um dente da engrenagem; sou um indivíduo, mas não uma pessoa. Se entro em conexão com o todo, meu ser se expande; a luz inunda todas as partes e sou uma pessoa. Sou uma pessoa na medida em que estou receptivo ao todo; sou um produto em massa na medida em que estou plantado na manada *em exclusão* ao todo. É esse fechar-se para o todo que é a fonte da loucura e que me faz uma não pessoa. Ter relações sexuais com a mãe e matar o pai, o complexo de Édipo, é a forma mítica de expressar essa verdade primordial. Teóricos freudianos algumas vezes tomam isso literalmente, e não metaforicamente. Pensado dessa forma, o complexo de Édipo pode estar ativando toda uma corrente de pensamento em uma cultura, não apenas na cultura familiar. Polanyi enfatiza a maneira como esse tipo de eliminação ocorre em uma escola de pensamento, que pode dominar todo um mundo acadêmico:

> *Um poderoso movimento de pensamento crítico está operando para eliminar qualquer busca por uma compreensão que traga em si as implicações metafísicas de uma busca pela realidade por trás de uma tela de aparências... Nossa confirmação da compreensão como uma forma válida de saber irá percorrer um longo caminho para libertar nossas mentes desse despotismo violento e ineficiente. (1959, pp. 20-21)*

Cada ser humano está dividido entre essas duas alternativas: prender-se ao grupo ou relacionar-se com a própria existência. A palavra latina *entrare* pode ser usada como descrição técnica do último modo de se relacionar. Alguém será pressionado pela manada na medida em que esteja preso a ela. Será menos pressionado na medida em que se tenha voltado a um *relacionamento* com a existência como um todo. Alguém pode ser alvo de escárnio, ódio, injustiça ou vingança, e pode ser capaz de suportar tudo isso se

44 UM PRINCÍPIO CRIATIVO

estiver em relação com a própria existência. A influência do grupo sobre o indivíduo é vividamente descrita por George Orwell em seu ensaio "Shooting an Elephant" (1957). Um elefante ficou "enfurecido" no bazar de uma pequena cidade na Birmânia. Tratava-se de uma loucura temporária que acomete o animal e que passa em algumas horas. Orwell, como comissário da polícia, fora chamado pela polícia local para lidar com esse elefante, que havia devastado barracas em um bazar e pisoteado um homem até a morte. Orwell foi ver o animal em um arrozal no limite da aldeia. Ele sabia que teria que observar e ver se a "fúria" do animal havia passado. Então, com a arma na mão, ele observava, mas atrás dele dois mil nativos esperavam que ele atirasse no elefante. Olhou ao redor e viu todos os olhos cheios de expectativa. Observou que a "fúria" passara, e soube, então, que não precisaria atirar, mas o poder da expectativa do grupo foi assoberbante, então ele atirou no animal. Escreveu comovedoramente:

> Dei uma olhada em torno da multidão que havia me seguido. Era uma turba imensa, uns dois mil pelo menos, e crescia a cada minuto. Bloqueava a estrada por uma longa distância, dos dois lados. Olhei o mar de rostos amarelos por sobre os trajes bizarros – suas faces tão felizes e excitadas com esse naco de entretenimento, todos certos de que o elefante ia ser baleado. Olhavam-me como se olha um mágico prestes a fazer um truque. Eles não gostavam de mim, mas, com o fuzil mágico nas mãos, eu era, por um momento, algo que valia a pena ver. E, de repente, me dei conta de que, afinal, teria que atirar no elefante. As pessoas esperavam isso de mim e eu tinha que fazer; eu sentia aqueles dois mil desejos me empurrando de forma irresistível. (p. 95)

Termina seu ensaio admitindo,

mais tarde, fiquei contente de que o cule estivesse morto; fornecia-me a razão legal e pretexto suficiente para que eu tivesse abatido o elefante. Muitas vezes me perguntei se alguém percebeu que fiz o que fiz unicamente para evitar parecer um bobo. (pp. 91-99)

É sobreviver como uma pessoa de respeito que se torna importante. É a pressão da "unidade-no-sistema" que se tornou dominante para Orwell, mas o "alguém-com-valor-em-si" era suficientemente ativo para não o cegar à força da "unidade-no--sistema", pois se assim fosse, ele não estaria ciente de seu motivo para atirar no elefante. Ser motivo de risos apaga a substância de alguém na medida em que esse alguém tenha sua autoestima vinculada à manada. O fato de que George Orwell pôde ser tão franco quanto aos seus motivos implica que ele mesmo estava fortemente ligado à existência em si. Penso que se pode pressupor que, quando decidiu renunciar ao cargo de comissário da polícia indiana, ele estava no modo *entrare* em um grau surpreendente. Foi o que o fez ficar tão merecidamente famoso.

Durante a transição do paleolítico médio ao superior, também emergiu uma unidade de elementos que constituiu o fato da comunicação.

Temos consciência, através dos nossos sentimentos, de coisas feitas a nós, mas nos tornarmos cientes daquilo que fazemos emocionalmente aos outros requer algo maior do que nós para refleti-lo de volta para nós. A única forma de compreender sua própria fonte operante é focar em um objeto que transcende a si mesmo e, ainda assim, inclui a si mesmo. O único objeto que atinge esse objetivo

46 UM PRINCÍPIO CRIATIVO

não é um objeto, estritamente falando, porque "objeto" sugere algo específico, algo que deve excluir, por sua natureza, e isso significará que a fonte operante que estamos tentando compreender deve necessariamente ser excluída. Digo necessariamente porque o assunto que buscamos entender é diferente do objeto e, portanto, não pode ser abrangido por ele. O ato da compreensão deve ser suficientemente total para que abranja não apenas um objeto, mas todos os objetos, e aqui "todos os objetos" inclui o *self* subjetivo como um objeto. Assim, é preciso uma palavra que designe uma realidade capaz de incluir tanto o objeto como o sujeito. Proponho a expressão "princípio totalmente inclusivo"; é interna e externa, e de natureza indiferenciada.

O ato de compreensão que espelha o "princípio totalmente inclusivo" é pura subjetividade. Isso se dá porque esse ato é criativo. Pura subjetividade é o criativo privado de todos os elementos incriados. Através desse princípio criativo, o sujeito é transformado no "princípio totalmente inclusivo", através do qual é capaz de observar-se à distância. Não há nada fora disso. No entanto, como não sabemos disso diretamente, e sim através do "princípio totalmente inclusivo", o experimentamos como vindo de fora.

O criativo é o que é mais verdadeiramente eu. Só posso chamar de *meu* aquilo que crio. Com dinheiro posso comprar uma pintura e chamá-la de minha. No entanto, não é verdadeiramente minha, até que eu a represente com minha própria experiência interna. Então o que quero dizer com "verdadeiramente"? A compra de uma pintura é um ato externo. Mudou-se de um local para outro. Uma interpretação, no entanto, é um ato interno, que abrange o objeto e o transforma. Como a interpretação é "totalmente inclusiva", a fonte e o objeto passaram por uma transformação.

Estou tomando aqui o princípio criativo como sinônimo de ego. Isso é diferente da definição Freudiana do ego que processa as impressões sensoriais do mundo externo e interno. Freud define ego como um fenômeno de superfície. Para ele, está na superfície da personalidade e em seguida aprofunda-se através de identificações, mas a origem da personalidade situa-se no campo dos instintos. *Triebe*, pulsões, não têm subjetividade; são forças cegas. Sublimação significa que a descarga instintiva se transforma em um elemento socialmente útil. O agente responsável por isso é o princípio criativo. Freud descreve o fenômeno da sublimação, mas não o agente interno responsável por ela. Para ele, as pulsões são o fator governante na personalidade; para mim, é o princípio criativo que precisa submeter-se ao impulso para a sobrevivência, mas em última análise, é o que domina. Esses dois princípios estão dentro de nós, e muitas vezes em conflito. O exemplo de George Orwell em dúvida se deveria ou não matar o elefante é um bom exemplo. O "princípio totalmente inclusivo" solicitava que ele não atirasse no elefante, mas a necessidade de satisfazer a expectativa do grupo ditava o contrário. Sua sobrevivência enquanto membro do grupo reinou vitoriosa sobre seu próprio desejo de não matar o elefante.

Uma pessoa pode ser governada pelas pulsões ou pelo princípio criativo. Há uma luta entre esses dois na personalidade. Tolstói elabora essa luta em muitos dos seus textos. A seguinte passagem de *Guerra e Paz* descreve bem isso:

> *Passava de uma hora quando Pierre deixou seu amigo. Era uma noite luminosa de verão em Petersburgo. Pierre pegou um taxi com a intenção de ir direto para casa. Mas à medida que se aproximava, menos sentia vontade de dormir, numa noite daquelas, que mais parecia*

48 UM PRINCÍPIO CRIATIVO

um crepúsculo ou aurora. A vista perdia-se nas ruas desertas. No caminho, Pierre se lembrou que na casa de Anatole Kuragin deviam estar reunidos os convivas habituais, os jogadores, que depois do jogo se entregavam, normalmente, ao prazer da bebida, um de seus divertimentos favoritos. "Seria muito bom ir à casa de Kuragin", ele pensou, mas imediatamente se lembrou de sua promessa ao Príncipe Andrei, de que não voltaria lá novamente. Então, como acontece com pessoas consideradas sem caráter, sentiu um intenso desejo de voltar mais uma vez para gozar aquela vida, que ele tão bem conhecia, e decidiu ir. Então lhe veio à mente que o compromisso tomado não valia nada, visto que antes de o ter assumido com o Príncipe Andrei, tinha prometido a Anatole que iria à casa dele. "Além disso", raciocinava, "todas essas palavras de honra são coisas convencionais, sem qualquer fundamento sério, sobretudo quando uma pessoa pensa que amanhã pode estar morta, ou em circunstâncias tais que as palavras de honra e desonra não tenham mais o menor significado". Argumentos desse tipo sempre aconteciam para Pierre, anulando suas resoluções e intenções. Foi à Kuragin. (1869, pp. 33-34)

Esse princípio criativo é também unificador. Os fatos na personalidade não estão ligados um ao outro. O princípio criativo os transforma em uma unidade. Isso só é possível porque esse princípio criativo é ao mesmo tempo transcendente e imanente. Somente é capaz de transformar sensações vindas de dentro e de fora porque as transcende enquanto categoria e é também totalmente imanente nelas. Daí o "princípio totalmente inclusivo". Isto está em sintonia com Schopenhauer, para quem o *noumenon* não é um desconhecido, como Kant ensinou, e sim um princípio interno subjetivo. Se o princípio da unicidade decorre da "unidade-no-sistema", então há uma exclusão do Édipo; se decorre do "alguém-com-valor-em-si--mesmo", então é governado pelo "princípio totalmente inclusivo", e não há qualquer exclusão.

É uma ação criativa que se molda de acordo com as impressões sensoriais, considerando essas impressões sensoriais como meio.

3. Manifestações do princípio criativo

O percepto é uma manifestação do princípio criativo do qual a *representação* é o mesmo elemento, agora incorporado no pensamento. Isso acontece quando é produzido algo que tenha uma presença objetiva, mas como está incluso em um processo de pensamento, passa a ter um elemento subjetivo que o encobre. Esse lado subjetivo da *representação* é capturado pelo termo *realização*. Então, por exemplo, estou lendo Anna Karenina, de Tolstói, e chego ao ponto em que Anna está dando à luz um bebê concebido fora do casamento com Vronsky. Aqui há um fato psicológico sendo representado; é um fato, mas chega através da própria experiência de Tolstói, corporificado em um ato de compreensão. Nesta afirmação, Tolstói representa uma experiência pessoal. O leitor pode passar pela afirmação sem dar importância a ela, ou ela pode gerar uma realização no leitor. Se o leitor, no momento em que estiver lendo a afirmação de Tolstói, tiver uma realização similar, então ocorreu uma viva comunicação entre Tolstói e o leitor. Embora

52 MANIFESTAÇÕES DO PRINCÍPIO CRIATIVO

separados pelo tempo e espaço, Tolstói e o leitor estão juntos naquele momento. Trata-se de uma comunicação entre pessoas. Isso não é destruído pela morte física, se houver uma comunicação escrita que evoque a realização no leitor. A essência de Tolstói vive; o corpo está morto, mas a pessoa está viva. Então, um elemento da pessoa está fora do tempo e espaço. *Realização* é a comunicação entre pessoas, e a linguagem é o sinal que leva a isso.

O princípio criativo é manifestado em um objeto produzido – não pode nunca ficar isolado dele. A *realização*, como aspecto subjetivo da *representação*, é, assim, produzida pelo princípio criativo formado entre pessoas. A *representação* também é produzida pelo princípio criativo, mas torna-se realização quando incendeia o coração de duas pessoas. Na verdade, *representação* e *realização* são a mesma coisa, mas a primeira pode existir sem a segunda, quando não houver uma pessoa receptora incendiada por ela. Quando o objeto e o sujeito são vistos sob a perspectiva de uma realidade em que ambos são um, então *representação* e *realização* estão presentes. *Realização* é o registro da unidade; *representação* baseia-se na dualidade. Esta última surge de uma falha em refletir sobre a unidade do ser.

A segunda manifestação é a *compreensão*. O ato da *compreensão* em si não tem palavras. Um fato ou conjunto de fatos transformam-se, pelo princípio criativo, em um ato de *compreensão*. Essa *compreensão* permeia os objetos, que são então *informados* pelo "princípio totalmente inclusivo". Da mesma forma que o volume impregna os elementos dos quais é atribuído, assim também faz a *compreensão* com os objetos a seu alcance. Na citação de Tolstói há um ato de *compreensão*, do qual a afirmação "precisou que ele visse sua mulher morrendo para perceber que a amava" é uma manifestação. A diferença entre *realização* e *compreensão* é que a primeira registra a unicidade, enquanto um ato de *compreensão* tem foco limitado. Se, por exemplo, refere-se à forma como um símbolo representa uma emoção invisível, esse foco inevitavelmente deixará de fora outros elementos no panorama mental, tais como vergonha ou culpa.

O *pareamento* de uma palavra ou palavras com a *compreensão* é a terceira manifestação. *A compreensão* aqui precisa governar, de outra forma a *compreensão* será esmagada pela palavra. A palavra precisa servir ao ato de *compreensão*. São necessários esforço e prática para que se tenha um bom *pareamento*.

A *compreensão* é um ato psíquico, mas precisa de um instrumento para que se realize. Há o sujeito e há algo lá fora. O sujeito e o algo lá fora se conectam um com o outro no ato da compreensão. O alívio é grande quando alguém é compreendido pelo outro. Os dois compartilham uma união. Quando alguém me compreende, não estou mais isolado. Mas o sujeito precisa de um instrumento para que essa união se dê, para forjar um ato de compreensão. Esse instrumento é algo que existe, mas de forma imanente no sujeito e no objeto. É um trabalho de arte. Há um evento que me assustou, e quero explicar a alguém por que me assustou. Contarei o incidente para tentar esclarecê-lo. Uma garota de treze anos foi a um *resort* de praia com seus pais. Ela brincava na praia, construindo um castelo de areia, quando seus pais foram nadar no mar. Houve uma ressaca, e sua mãe e seu pai foram levados pelo mar. Não conseguiam voltar à praia, e se debatiam na água, desesperados. Os salva-vidas os viram e foram até eles de bote, os colocaram para dentro do bote e os levaram para a praia. Colocaram os dois na areia e começaram a fazer respiração boca a boca. Um grupo de pessoas rodeou os dois corpos imóveis, e a filha de treze anos juntou-se a elas. Enquanto estava ali olhando para os pais inertes, ouviu alguém dizer, "Estão mortos". Felizmente, assim que isso aconteceu, os salva-vidas conseguiram reanimá-los e eles sobreviveram. Uma

54   MANIFESTAÇÕES DO PRINCÍPIO CRIATIVO

semana depois, a garota retornou à escola, mas estava rebelde. Não fazia a lição de casa, não prestava atenção na aula. Foi então levada a um psicoterapeuta, que por acaso era eu. Ela me contou o incidente que acabo de descrever, e, embora sentisse pena dela e percebesse como havia sido perturbador, eu não havia compreendido. Então ela me contou novamente, e de repente percebi que quando ela ouviu dizerem, "Estão mortos", seus pais haviam morrido; ela sofreu o choque de sua morte. Ela me disse, "E quando voltei para a escola, todos agiram como se nada tivesse acontecido". Naquele momento percebi, em choque, que ela passara pela morte dos seus pais sem qualquer apoio. Se eles tivessem morrido fisicamente, amigos e parentes teriam se aproximado dela para apoiá-la, mas essa morte, que era uma morte real para ela, era invisível, então ela foi deixada sozinha com seu sofrimento. O que ocorreu ali para que de repente eu compreendesse? A vi de pé na areia – e ainda posso vê-la – dentre vários desconhecidos que olhavam para os corpos inertes de seus pais, ouvindo alguém dizer, "Estão mortos". O que foi que me trouxe o ato de compreensão? Foi a imagem dela olhando seus pais mortos, sem apoio entre estranhos. Naquele momento, eu era um adolescente olhando os corpos dos meus pais na praia, com alguém dizendo, "Estão mortos". Penso que a imagem central foi a de estar sozinho com meus pais, com quem eu contava totalmente, de repente mortos na minha frente. Ocorreu-me a imagem dos meus pais indo embora, me deixando em um internato em outro país, a mil quilômetros de casa, e eu sendo deixado com professores e colegas estranhos. Quando ela me contou pela segunda vez, a imagem da minha própria experiência foi o instrumento que provocou o ato de compreensão.

É importante diferenciar minha tristeza por ela, ao ouvir sua história pela primeira vez, e meu ato de compreensão ao ouvir pela segunda vez. Na primeira vez eu olhava de fora, como um daqueles estranhos. Na segunda, eu compartilhava a experiência com ela. Minha própria experiência foi o instrumento através do qual ocorreu o ato da compreensão. Eu não tinha uma imagem consciente da perda de meus pais aos onze anos de idade, quando eles desapareceram na estrada naquele carro que poderia ser funerário, mas quando ela me contou pela segunda vez, acredito que essa memória emocional foi o instrumento que moldou a compreensão. Ela não estava mais só do que eu estivera. Precisava de mim não como um estranho, mas como um companheiro sofredor. Acredito que também fui arrancado do isolamento naquele momento. Eu compartilhava uma memória emocional. Não compartilhei a minha memória com ela da mesma forma que ela compartilhou comigo, mas acredito que naquele súbito momento de choque, quando me senti quase às lágrimas pela situação terrível que ocorrera com ela, ela me percebeu como um companheiro sofredor. Há comunicação nesse nível, antes que quaisquer palavras sejam ditas. O ato de compreensão acontece em um lampejo, em um nano segundo. Imagens seguidas por palavras são a elaboração desse acontecimento. Então o que quero salientar aqui é a imagem que nasceu da experiência, necessária para o ato de compreensão. Os detalhes externos sempre são diferentes, mas a experiência interna é suficientemente semelhante para que a conexão ocorra. Eu não tive a experiência de acreditar que meus pais estavam mortos, mas tive a experiência de perdê-los estando sozinho entre estranhos e, embora a experiência dela tenha sido pior, penso que havia suficiente semelhança para que a conexão ocorresse. Nós dois tínhamos idades próximas quando os eventos ocorreram. O teólogo e filósofo medieval Meister Eckhart escreveu: "se você é diferente da verdade da qual queremos falar, você não pode me compreender" (1981, p. 199).

56 MANIFESTAÇÕES DO PRINCÍPIO CRIATIVO

O instrumento que possibilita o ato de compreensão é uma experiência de similaridade. O instrumento que possibilita o ato de compreensão é uma experiência que está em sintonia com a experiência do outro. O filósofo e místico Russo Vladimir Solovyov referiu-se a isso como "harmonia do semelhante" (1918, p. 68). Ele salienta que não significa que os dois estão impelidos a uma igualdade um com o outro, ou uma identificação de um com o outro, mas que são diferentes, e que há algum evento que, embora diferente, é suficientemente similar para permitir que ocorra uma centelha de conexão. Para compreender o sofrimento do outro, busco um paralelo dentro da minha própria experiência. Uso isso, então, para entrar na experiência do outro. No momento da compreensão, eu e o outro somos um pela união obtida pela reciprocidade da experiência. Como a experiência é semelhante, entra na experiência do outro. Mas só se torna tal instrumento quando está privada dos elementos externos. Aquele momento em que perdi meus pais – uma perda daqueles que eu amava e de quem dependia totalmente – foi um trauma. Buscar essa perda e entrar em contato com ela levou-me a uma união solidária com a jovem que achou que seus pais estavam mortos. Nós estávamos juntos. A intensidade da experiência interior excluiu todas as diferenças entre nós – eu era um homem adulto de quarenta anos, ela uma jovem de treze. Minha experiência tinha sido perder meus pais no primeiro dia de aula; a dela foi perder seus pais em uma praia. No ato de compreensão, naquela fagulha momentânea, minha experiência e a dela estão em intensidade conjunta, e todos os contornos externos das nossas vidas estão excluídos, ou, para usar a estrutura formulada por Polanyi, as realizações das nossas vidas são secundárias a esse ponto focal – o ponto focal sendo a união.

Agora, para generalizar. A ação é entrar na experiência do outro; o instrumento através do qual isso ocorre é uma experiência paralela, novamente privada de todos seus elementos secundários.

Assim, no exemplo dado: eu vendo meus pais me deixando no internato quando tinha onze anos é secundário ao ponto focal de uma experiência de perda de pessoas a quem eu era estreitamente ligado. Podemos considerar, portanto, que há uma série de experiências focais comuns a todos os seres humanos, e que estas funcionam como instrumentos para criar um acesso à experiência do outro. É, assim, um acesso através da nossa própria experiência interna.

Há uma correlação aqui que vale a pena explorar melhor. É que ter acesso à experiência de alguém às vezes requer o choque do trauma de outro, para destravar a entrada. Os terapeutas falam sobre o paciente "atravessar" o terapeuta. A experiência do outro tem essa força em si. Há aqui uma implicação de que existe uma barreira em todos nós contra este ato de *entrare*. Por que isso é assim? Para responder a isso, é necessário compreender mais plenamente o que foi dito anteriormente. Embora eu tenha usado minha própria experiência da "perda" dos meus pais quando fui para o internato como um instrumento pelo qual pude entender o trauma que minha paciente sofreu quando soube que seus pais haviam "morrido", essa não é toda história. Outro aspecto da minha compreensão foi que a "morte" de seus pais não tinha sido reconhecida pelos outros, e entendi que ela tinha, assim, sofrido sozinha a morte dos pais, e que sofrer sozinha esse desastre foi traumático. Foi isso que compreendi quando ela me contou sua história pela segunda vez. Também tive uma experiência no início da minha vida adulta, quando, como Hamlet, eu tinha conhecimento de algo que não podia compartilhar. Mas eu não gostaria de afirmar que apenas essas experiências serviram como instrumentos através dos quais o ato de compreensão ocorreu, mas sim que se tratavam de "memórias encobridoras" de algo mais essencial e mais doloroso. Foi

58 MANIFESTAÇÕES DO PRINCÍPIO CRIATIVO

Freud que cunhou o termo "memória encobridora", e com isso quis dizer que uma memória na idade adulta ou infância é pungente porque esconde uma experiência ou memória mais fundamental. Portanto, penso que a conjunção dessas minhas duas experiências, ter perdido meus pais aos onze anos e sofrer uma experiência de solidão no início da vida adulta, eram "memórias encobridoras" para alguma coisa mais primitiva e mais universal. Penso que a "memória encobridora" de Freud não esconde tanto uma memória, mas sim uma experiência universal dolorosa, pela qual todos os seres humanos passam. Uma é a morte de alguém que amo e de quem dependo, e outra é o conhecimento da solidão. Ambas são universais, todos as experimentaram, e elas subsequentemente tornam-se "encobertas" por trás de outras memórias adultas. Volto então para minha pergunta: por que existe tal barreira contra essas experiências universais? É porque a consciência delas coloca uma demanda sobre mim: que eu me abra para uma humanidade básica compartilhada por todos; que eu me abra para esse "ser". Significa também renunciar a um pertencimento superficial em favor dessa realidade mais profunda. Pertencer é uma necessidade humana básica. Pertenço à minha família, mas há essencialmente um pertencimento mais profundo, e é esse que prevalece em mim. A morte significa o fim dessa vida em particular, mas o mundo continua existindo. É essa existência que tem prioridade. Por que isso é tão difícil? Por que coloco um peso tão grande em minha própria existência? O que estou dizendo aqui não é que as relações com a minha família e amigos serão menos importantes do que os relacionamentos com "estranhos", mas que a prioridade mais profunda de que estou falando ocorre somente se, antes, houve a morte de uma ligação que se dá de superfície para superfície; é quando isso morre que a prioridade profunda estabelece sua supremacia. Há um medo de mergulhar no nada, caso abra mão dessa ligação superficial à minha própria existência individual. Por causa desse medo, me apego à minha própria existência individual e à sua ligação superficial. Quando psiquiatras, psicólogos ou psicoterapeutas falam que alguém pensa "concretamente", referem-se a esse medo elementar do vazio, que faz apegar-se desesperadamente a algo sólido e físico. Para entender a concretude, precisamos enxergar que ela constitui um voo em um abismo vazio.

Essas proposições universais existem na personalidade, mas somos obrigados a nos apropriar delas pessoalmente para que se tornem nossas. As memórias que as encobrem nos permitem entrar na proposição universal, assim o encobrimento é também um indicador pessoal. Ele nos dá uma entrada pessoal – *entrare* – na proposição universal. Essa entrada, que para mim é única, faz da proposição universal uma posse pessoal e me leva à fraternidade com meus companheiros seres humanos. Também transforma a ligação de superfície para superfície com membros da família, de tal forma que a relação é de interior para interior, o que possibilita liberdade entre meus pais, esposa ou filhos e eu.

Então essas "memórias encobridoras" são sinais importantes que exigem minha atenção. Ficam lá na memória para me abrir às proposições universais da experiência humana. São registros dessas proposições universais dentro da minha própria pessoa. Não são, portanto, abstratas, mas sim concretizadas cotidianamente em minha vida. Então, embora sejam proposições universais, a experiência particular será diferente para Maria, para José, ou para alguém que viveu em época e cultura diferentes. Logo, são proposições universais, mas ainda assim, unicamente pessoais. Essa proposição universal só é significativa quando filtrada através da lente da minha própria experiência.

Há um instrumento substituto que parece ser compreensão, mas não é. Ao invés de gerar uma imagem a partir do meu próprio

60 MANIFESTAÇÕES DO PRINCÍPIO CRIATIVO

banco de memória, apelo a um instrumento que pertence a outra pessoa. Pode ser uma imagem que era boa para Darwin, Freud, Karl Marx, Heinz Kohut, Melanie Klein, Wilfred Bion, Donald Winnicott, Frances Tustin ou Ronald Fairbairn, mas não se aplica a mim. A proposição universal torna-se uma abstração sem sentido quando é filtrada pelas lentes de outra pessoa, a menos que exista um vínculo empático entre essa outra figura e eu. O que quero dizer é que, se a figura por cujas lentes estou olhando expressa algo que emoldura adequadamente a minha experiência, então está bem; mas não necessariamente esse é o caso. O certo é que toda a gama de pensamento de um determinado clínico jamais será totalmente fiel à minha própria experiência. Se fosse assim, essa outra pessoa seria eu. Então a menos que essa figura expresse de forma adequada minha própria experiência, ela será estranha para mim, e não será o instrumento certo para meu próprio ato de compreensão: não é minha própria elaboração e, portanto, não sou eu, e sim algo fora de mim. Se a explicação teórica foi exposta por alguém, por ser uma expressão de sua própria experiência, e esta é compartilhada por mim da mesma forma como tive uma experiência compartilhada com aquela jovem adolescente, então será genuína e reconhecida como tal por meus pacientes. Se esse não for o caso, minha própria pessoalidade terá sido enterrada dentro do cadáver da minha figura instrumental. Não houve nenhum *entrare* nessa configuração. Dentro das ciências sociais há um vasto depósito desses instrumentos, e me é fácil ir até um deles para ajustar meu ato de compreensão; mas continuará sendo um ato incolor, pálido, que engana a mim e ao outro, a menos que expresse minha própria experiência. É a forma como uma palavra, frase ou sentença pode expressar minha experiência com precisão, enquanto outra não o faz, mesmo possuindo uma semântica similar. Se o que peguei emprestado do depósito das ciências sociais não corresponde à minha experiência interior essencial, não terá sentido. Nesse caso, eu e o outro permanecemos isolados um do outro.

A razão por que com frequência nos apoderamos, como se fosse nosso instrumento, de algo que é estranho à nossa experiência, é que há em nós um profundo ódio da experiência, como Wilfred Bion salientou: "Existe um ódio por ter que aprender com a experiência, e falta de fé no valor desse tipo de aprendizagem" (1968, p. 89). Ele diz também, nesse mesmo parágrafo, que isso se resume a um ódio pelo processo de desenvolvimento. A experiência pessoal é dolorosa, mas também exige que eu abra minha mente para uma experiência mais profunda do universal, à luz da qual vejo o trágico nos detalhes da minha vida. Eventos do passado pairam em minha mente e me enchem de vergonha; dou lugar a paixões dentro de mim que traem a verdade; escondo-me do difícil caminho à minha frente e jogo sobre ele um véu de ilusão.

A geração de uma memória ou imagem é sempre dolorosa ou perturbadora. Exige de mim agora, hoje, embora possa derivar de uma memória longínqua. Mesmo que a pessoa ou pessoas envolvidas na memória estejam mortas, a memória e sua geração exigem mudança da direção emocional em mim. Posso evitar isso recorrendo a uma explicação "sistemática", desprovida de um desafio vital. Quando leio algo que "clica" é porque há uma união entre o evento que está sendo descrito e um evento similar da minha própria vida. Novamente, não é a cobertura externa do evento que faz "clicar" em mim, mas seu conteúdo interno – o universal que foi filtrado por uma lente que ressoa com minha experiência. Então, no caso que citei, é a perda interna dos meus pais que me une à perda interna dos pais da minha paciente adolescente. Os acontecimentos emocionais internos têm uma surpreendente gama de coberturas diferentes. Esses acontecimentos emocionais internos talvez possam ser resumidos pela perda de alguém que amamos,

62 MANIFESTAÇÕES DO PRINCÍPIO CRIATIVO

pela decepção com o desmoronamento de um ideal, vergonha pela minha própria inadequação, culpa pela minha própria destruição da humanidade, preocupação pela consequência trágica resultante da ignorância humana. É bastante compreensível que evitemos esses desastres da alma. Eles são surpreendentemente dolorosos e desgastam o espírito humano. É quando evitamos isso que recorremos a uma explicação fora de nossa dolorosa peregrinação. Nesse caso, como sugeri, podemos recorrer a uma explicação gerada por um psicólogo, psicanalista ou filósofo, e se existe uma empatia interna entre o pensador e eu, então seu princípio explicativo será pessoal para mim. As duas pessoas – eu e aquele pensador em particular – estarão juntas compartilhando uma experiência. Então, por exemplo, volto-me para Melanie Klein porque ela acredita que seres humanos elaboram seu mundo desde a mais tenra idade, e aquilo "clica" em mim, mas tenho certeza que está errada sua invocação do instinto de morte e do medo infantil da aniquilação dele decorrente; como também a ideia de Freud de uma memória encobridora "clica" para mim, enquanto sua visão de que o amor é como um reservatório que não pode ser desperdiçado choca minha sensibilidade no âmago; a visão de Michael Balint de que há uma função subdesenvolvida da personalidade originada de alguma *mésalliance* entre mãe e bebê parece-me certa, mas seu determinismo subjacente parece-me errado. Entendo o que Melanie Klein quer dizer quando invoca o instinto de morte, e entendo também o que Michael Balint quer dizer, mas esse já é outro assunto. É a mesma coisa que entender por que as pessoas riem de uma piada, mas eu mesmo não a achar engraçada. Se recorro a uma explicação que não corresponde à minha experiência interna, ao invés de fazer um esforço para gerar uma imagem que traga uma comunhão de espíritos, trata-se de um recipiente vazio. Não tem alma. É o mesmo princípio pelo qual nos esforçamos para selecionar uma palavra ou frase que se encaixe na experiência, ao invés de subjugar a experiência a uma palavra. É aqui que a linguagem pode ser mal-empregada. É mais fácil se submeter a uma palavra e oprimir a experiência do que encontrar uma palavra ou palavras que correspondam de forma próxima ao evento ou desejo que está buscando expressão. As palavras são nossas servas, mas sempre as transformamos em nossos mestres. Antes de haver pensamento com palavras, há pensamento com imagens. Essas imagens que são geradas automaticamente ou produzidas pelo espírito criativo interno estão sintonizadas com as emoções, e são produzidas pelas emoções. As palavras que usamos devem combinar com essas imagens. Tais palavras, melhor descritas como poéticas, precisam ser diferenciadas de palavras usadas para categorizar uma série de assuntos. Então, por exemplo, fúria alucinada pode descrever um momento repentino de raiva, enquanto "impulsos agressivos" pode ser um nome adequado para um arquivo em uma pasta que contém um pacote de diferentes imagens, dentre as quais uma pode ser "lampejos de raiva". O mesmo princípio se aplica a um sistema teórico, seja de Freud, Melanie Klein ou Michael Balint. Em tal sistema há uma aglomeração de imagens apenas vagamente conectadas. Algumas vezes a conexão resulta apenas de terem sido apresentadas pelo mesmo autor, mas nenhum autor desfruta de total consistência em seu pensamento.

Cada pensador original tem uma história de desenvolvimento, e geralmente há um crescimento na consistência. Assim, idealmente no final da vida haverá um padrão consistente que rege tudo aquilo que ele escreveu, mas esse ideal utópico nunca é alcançado. Alguns pensadores morrem jovens, e se vivessem mais, teriam revisto suas teorias. Aqueles que vivem até os oitenta ou noventa anos certamente mudariam o que escreveram nessa idade se pudessem viver até a idade de Matusalém. Portanto, os pensamentos de grandes gênios como Newton, Darwin, Marx ou Freud

64 MANIFESTAÇÕES DO PRINCÍPIO CRIATIVO

são sempre inconsistentes, e por isso a aceitação do pacote completo de seus pensamentos indica que o discípulo exterminou sua capacidade de pensar em submissão ao protagonista.

No pensamento de qualquer clínico inovador, há uma mistura de *insights* pessoais e conceitos adotados. Um clínico geralmente começa com um sistema que é inteiramente, ou quase inteiramente, preexistente, no qual ele está inserido; então, lentamente, começa a desenvolver uma linguagem e teoria que combinam com seu imaginário pessoal interior, mas nunca deixa inteiramente a teoria com a qual iniciou. Portanto, a teoria formulada sob o nome de uma pessoa é sempre um aglomerado. É uma mistura de *insight* pessoal e teoria adotada. É como a diferença, na física, entre uma rocha, que é formada por várias substâncias químicas e, portanto, um aglomerado, e ácido sulfúrico, que tem uma estrutura única coerente.

O que precisa de mais investigação é por que as emoções são pareadas com as imagens visuais, essa linguagem poética, e não com a linguagem da categorização. Se me volto para alguém e digo "eu te amo", isso evoca uma resposta. Cores e música carregam em si uma demanda similar, sintonizam-se com medo, amor ou ódio; não consigo ficar neutro. A cor escarlate, ou o sopro de um trompete, violam minha complacência letárgica; invadem meu mundo, intrometem-se nele, minhas paixões são despertadas. Me acordam. Interrompem meu sono. A cor vermelha carrega em si raiva, fúria, alarme, excitação, mas a inadequação das palavras é evidente. Essas palavras que acabei de escrever não transmitem o primitivismo do vermelho. Um artista não pode dizê-lo com palavras, e por isso, precisa dizer com tintas. Cores, assim como música, representam emoções de forma mais fiel do que as palavras. A palavra "vermelho" é um indicador sem brilho da cor vibrante. Cores e tons musicais são aquilo a que Locke se referiu como "qualidades secundárias". As qualidades primárias são extensão, densidade e volume. Como as últimas são mensuráveis, e são as mesmas independentemente de quem seja o observador, tornaram-se as queridinhas do mundo científico; pertencem ao grupo, à instituição. A ciência igualou-se à instituição, à corporação, à organização social. Nesse ponto, não existe diferença entre você e eu; somos unidades em um sistema, de forma que o foco é no sistema do qual fazemos parte. Há uma mesa vermelha na sala. Duas pessoas pegam uma régua e a medem; ela tem setenta centímetros de comprimento, trinta de largura e dois de espessura, e cada perna tem trinta centímetros. Esses são fatos, e se me aproximo e digo, aquela mesa tem noventa centímetros de comprimento, é possível provar que estou errado. Se disser que adoro a mesa, ninguém pode dizer que estou errado; meu amigo diz que a odeia. Por quê? Porque sua cor vermelha é vulgar e intrusiva; mas eu adoro. Gosto de paisagens intensas, tempestades tropicais e mares revoltos, mas meu amigo gosta de pastos verdes e suaves, clima temperado e das águas calmas de uma lagoa. Como as qualidades secundárias são capazes de ser registradas de forma diferente por cada pessoa, foram descartadas pelos cientistas. Damásio diz que foi desacreditado quando começou a trabalhar com sentimentos:

> *Quando comecei a refletir sobre como o cérebro conseguia criar a mente, aceitei os fundamentos já estabelecidos de que os sentimentos estavam fora do quadro científico... Demorou algum tempo para que eu visse o quanto essa prescrição era injustificada, e percebesse que a neurobiologia dos sentimentos não era menos viável do que a neurobiologia da visão ou da memória. (2003, pp. 4-5)*

66 MANIFESTAÇÕES DO PRINCÍPIO CRIATIVO

Acredito que esse descrédito ocorre porque estamos falando das qualidades secundárias através das quais cada pessoa é designada. Essas qualidades secundárias são referidas desdenhosamente como "subjetivas" – isto é, não se pode confiar nelas. Como eu, Neville, vejo uma coisa diferentemente de John, então a coisa é depreciada. Isso significa que a diferença entre um indivíduo e outro, portanto, é rejeitada. Endossamos apenas as qualidades que são as mesmas para todos. Então a linguagem da categorização é a da mesmice, mas a diferença é inerente às emoções. As emoções são a comunicação entre dois indivíduos, mas onde não há diferença, não existe comunicação; ela não é necessária. Somos constituídos de duas partes – mesmice e diferença. A linguagem da categorização expressa a mesmice; cor, música e poesia estão enraizadas na diferença, e são meios de comunicação entre seres diferentes.

Salientei anteriormente a semelhança que existia entre a experiência da jovem de treze anos e a minha própria quando tinha a idade dela, e afirmei pensar que, por trás desses dois eventos, havia uma experiência universal de morte, de perda. Mas os dois eventos não foram iguais. Usar a palavra "identidade" para os dois seria incorreto. Ela e eu éramos diferentes. O trauma que ela sofreu foi diferente do meu, mas havia ali, como diz Solovyov, uma *harmonia do semelhante* – uma similaridade que respeitava a diferença entre nós.

4. O princípio criativo gera a pessoa

O princípio criativo tem a função de transformar as "dotações" em personalidade. Essas "dotações" são as pulsões, elementos internos e estímulos externos. É necessário pensar nelas como sementes secas, que permanecem inertes na personalidade, mortas e inativas, até que água e luz solar as penetrem. Seriam essas substâncias inertes aquilo a que Bion se referiu como *elementos beta*? Penso que sim, se consideradas como uma categoria geral, mas suspeito que haja uma diferença entre elas, porque se transformam em uma série de funções psíquicas separadas, embora conectadas. É preciso examinar em detalhes as funções, nomeá-las e então dar um nome à semente inerte. Pensando em termos de Bion, precisamos considerar que existem tipos diferentes de *elementos beta*, e cada tipo tem a capacidade de tornar-se uma função diferente. Até que ocorra uma transformação, esses elementos internos e estímulos externos reagem um ao outro da mesma forma que partículas de matéria inanimada reagem umas às outras. Transformadas, tornam-se funções da personalidade. "Função" significa que o

68 O PRINCÍPIO CRIATIVO GERA A PESSOA

elemento tem um propósito na personalidade. Assim, podemos pensar que antes da transformação, ele estava lá, desconectado de outros fatores na personalidade, mas um aspecto da transformação agora é parte de uma estrutura. Quebre um relógio em pedaços e cada parte ficará ali inerte na bancada do relojoeiro, mas quando cada parte é montada na relação correta com as outras, cada qual tem sua função. Desse modo, um aspecto da transformação é colocar partes em relação umas com as outras e como partes do todo. Sua função, portanto, só pode ser compreendida em relação à estrutura toda. O objetivo da estrutura esclarecerá e definirá a função.

Quero diferenciar o que estou dizendo aqui da formulação de Ferro de *elementos alfa*. Ele se refere (2005, p. 3) a fragmentos de *elementos beta* que são formados, ele diz, como mecanismos de defesa. Creio que é errado formulá-lo dessa forma, pois sugere haver um mecanismo que gera *elementos beta*, do que discordo. Os *elementos beta* não são formados. São como que dados brutos aguardando transformação. O que Ferro pode estar tentando formular é a diferenciação entre os próprios *elementos beta* – que eles não são homogêneos.

Embora antes da transformação os elementos estivessem inertes e mortos, agora se tornam digeridos e transformados em uma função subjetiva. Introduzi o termo "subjetivo", que precisa de definição. Subjetivo é a palavra que usamos para dizer que algo é parte do *Eu* ou de *mim*. O *Eu/mim* vem à existência através da comunicação. Mas comunicação entre o quê? Precisamos pensar nisso em níveis diferentes. Há, primeiro, comunicação entre os diferentes elementos na personalidade; entre as sementes. Então, há comunicação entre dois indivíduos. Dois indivíduos podem coexistir ao lado um do outro sem estar em relação, como duas pedras ao lado uma da outra, ou então podem estar em relação um com o outro. Quando dizemos "em relação um com o outro", queremos dizer que existe uma abertura do interior de um ao interior do outro. Não é uma simples proximidade geográfica. Dois seres humanos podem estar afastados dois metros um do outro, ou podem estar se tocando, pele com pele. Mas também podem estar abertos um ao outro *a partir de dentro*. Vygotsky, em seu esquema para o desenvolvimento de faculdades mentais, diz que até a adolescência o indivíduo relaciona uma coisa com outra "de acordo com similaridade fenomenológica" (1975, pp. 79-80) – as coisas estão relacionadas de acordo com suas semelhanças superficiais. Assim, por exemplo, dois objetos, ambos azuis, serão classificados da mesma maneira, mas na adolescência o objeto azul pode ser unido a um marrom, porque um é um DVD de um filme e o outro é uma fita cassete do filme. O adolescente acentua mais o conteúdo interno do que a semelhança da cor externa. Lembro-me de quando nosso filho mais velho estava com três anos e um dia disse o seguinte: "Uma luva e uma uva são parecidas, não são, papai?". Os sons eram parecidos. Ele precisou chegar à adolescência para se liberar da semelhança superficial e chegar ao sentido interno. É essa abertura interior que ocasiona o nascimento do *Eu/mim*. Essa interioridade, então, impregna toda a personalidade. Dilthey enfatiza o seguinte: "O auge do desenvolvimento humano é alcançado quando a subjetividade do indivíduo orienta e molda suas percepções e controla suas ações em todos os momentos" (1989, pp. 287-288). A penetração no interior é o que caracteriza o pessoal, em oposição ao individual, cuja relação com o outro se dá através de "exteriores fenomênicos".

Há comunicação entre partes dentro do indivíduo e também entre ele e a subjetividade de seu companheiro. A relação interna de um com o outro, no nível individual, é o que rega as sementes em cada um. No entanto, há um elemento adicional que precisa ser introduzido, que amplia as relações entre duas pessoas a um nível que transcende os dois, e é dessa realidade que ambos são constituídos.

70 O PRINCÍPIO CRIATIVO GERA A PESSOA

Isso introduz outra dimensão importante. A própria forma como tenho me expressado sugere que existem diferentes partes da personalidade, e se, por exemplo, alguém acredita que não tem valor, é porque uma parte não desenvolvida está contaminando o resto da personalidade, e há uma interconexão entre partes que é prejudicial à personalidade. Partes internas estão, ou podem estar, conectadas internamente da mesma forma fenomenológica como se conectam externamente. Colocando de forma mais familiar, a maneira como partes conectam-se intrapsiquicamente é similar à maneira como se conectam interpessoalmente. Um indício de que estão conectadas nesse nível fenomenológico é alguém ter uma imagem negativa de si mesmo. Isso acontece porque uma parte está prejudicando o restante da personalidade, pela forma como as partes internas estão conectadas umas com as outras. Quero olhar para a maneira como as partes estão ligadas quando uma parte está contaminando o resto. Que tipo de conexão está ocorrendo? Em que base a totalidade da personalidade é alcançada? Penso que a imagem mais útil é a da escuridão e luz. O que estou sugerindo é que assim que luz é derramada sobre a personalidade interior, uma barreira protetora e uma mãe carinhosa circundam a criança emocional – podemos chamá-la de função fetal – que está à procura de desenvolvimento. Parece que a luz *é* uma mãe carinhosa. Parece também que quando existe tal luz gentil, essa parte da personalidade não secreta mais veneno no resto da personalidade. A própria luz funciona como um unificador. A razão para isso é que se a conexão interna é como-cola, esse mesmo ódio que opera na esfera interpessoal também opera aqui. Ódio é uma palavra que, quando aplicada a uma ação primitiva, representa uma descarga violenta. Mesmo que a descarga violenta ocorra em uma só parte da personalidade, ela contamina a personalidade toda. Um câncer se apossou de todo organismo da personalidade.

Quando essa luz quente brilha sobre essa criança interna deficiente, ela funciona como uma mãe que nutre. Esse nutrir é o que altera a ação interna do ódio para o amor. Isso significa que sua relação com outras partes da personalidade não é mais de exterior para exterior, ligação como-cola, mas sim de interior para interior. O que diferencia amor de ódio é que o primeiro tem como centro uma realidade que está tanto em si como fora de si, enquanto o ódio é centrado em um objeto externo que frustra. Frustra porque há um desejo subjacente que produz ódio. O desejo subjacente é ser algo que não sou. Não estou satisfeito com o que sou, com quem sou. Esse desejo de ser o que não sou desloca todas as partes da minha personalidade. Ser quem sou requer um ato – um desejo de ser quem sou. Meu interior está *em relação* e, portanto, não está sujeito a frustração, nem sujeito a ódio. Estar *em relação* é a essência do meu ser. O desejo de ser o que não sou é desejar estar isolado, não estar *em relação*. Esse desejo de não estar *em relação* é igual a um ódio daquilo que sou. Esse ódio deixa a personalidade em uma série de partes não relacionadas.

Quem sou e esse desejo de ser quem sou está *em relação*, é verdadeiro em relação ao meu todo, mas também a cada uma das partes. O *Eu* é o *em relação* com tudo. Se o *Eu* desejar não estar *em relação* com uma parte, é porque existe oposição, que só ocorre se o *Eu* for feito do material de "sensação". Se, por outro lado, o *Eu* for feito da mesma "matéria" que volume, peso ou densidade, então não há oposição entre o *Eu* e as partes, porque o *Eu* está *dentro* das partes da mesma forma que volume está em todas as partes que o constituem. O *Eu* é o *em relação* de todas as partes, assim como volume está em todas elas.

O "deveria" surge quando o *Eu* não está constituído. Penso que isso ocorre quando há uma parte subdesenvolvida, o que significa que não está constituída *em relação*. É quando o todo afeta a parte;

72 O PRINCÍPIO CRIATIVO GERA A PESSOA

quando a mãe funciona como criadora do *em relação* na criança. A declaração de Suttie tem importância aqui:

> *Vi a possibilidade de que a necessidade biológica de ser alimentado talvez seja apresentada psicologicamente na mente infantil não como um pacote de necessidades práticas orgânicas e privações em potencial, mas como um prazer no companheirismo compreensivo e como desconforto correlato na solidão e no isolamento. A concepção freudiana de autoexpressão como um processo de "retardamento" ou evacuação emocional pareceu-me falsa, e no lugar disso imaginei expressão como uma oferenda ou estímulo direcionado à outra pessoa, projetado para trazer à tona uma resposta, enquanto o amor em si seria essencialmente um estado de interação harmoniosa ativa. (1939, p. 4)*

> *Isso difere fundamentalmente da psicanálise, ao introduzir a concepção de uma necessidade inata de companheirismo, que é a única forma de autopreservação da criança. Coloco essa necessidade, que dá origem ao "amor" parental e coleguismo, no lugar da libido Freudiana, e a considero geneticamente independente do desejo genital. A aplicação dessa concepção parece reorientar toda a dinâmica psicanalítica... (1939, p. 6)*

Pesquisas com crianças substanciam o que esse inovador disse há mais de setenta anos.

Precisamos investigar por que uma determinada parte pode não estar *em relação* com as outras. Por que o *Eu* renega essa parte?

NEVILLE SYMINGTON   73

Não quer relacionar-se com ela? A resposta fácil seria dizer que o *Eu* se envergonha dessa parte, mas por quê? A parte da qual o *Eu* se envergonha tem em si um elemento que também é verdade do *Eu*. Para que um vínculo entre o *Eu* e a parte seja *interior*, precisa ser essencialmente de igual para igual, ou similaridade para similaridade. É da natureza humana seguir em frente; estamos em um estado de vir a ser. Nesse sentido, não somos adultos, nunca seremos. Estamos *em relação* com um fim definitivo. A parte não desenvolvida está clamando para que o *Eu*, que representa as outras partes, esteja onde essa parte não desenvolvida está; é como uma criança clamando que a mãe cuide de seu filho.

Essa criança deficiente exige então que o *Eu* reconheça sua própria natureza deficiente. Foi dito que a angústia com que muitos pacientes chegam a análise hoje em dia é um grito do coração, "Quem sou eu?". É subjacente a esse *cri de coeur* um conhecimento de que há um *Eu* tosco, mas esse conhecimento é escondido do *Eu*.

A *vergonha* impôs um encobrimento. Por causa da *vergonha*, o restante da personalidade tornou-se hospedeiro para essa parte. E o motivo para isso é fornecido pelo mesmo pensador russo Solovyov, já mencionado (ver Capítulo 2): é que há *vergonha* quando não há unidade dentro da personalidade. Mas isso implica que há um conhecimento dizendo que a vida humana é uma unidade – uma unidade que necessita ser criada. A *vergonha* é porque não sou uma unidade, porque meu desenvolvimento está tolhido. Na formulação de Freud, tenho *fixação* em um ponto específico. Escondo na *vergonha* minha condição desunida. Toda minha energia é empregada para esconder minha desunião. A *vergonha*, na mitologia, refere-se ao sexo. No relato bíblico de Adão e Eva, eles estavam *envergonhados* depois de caírem em desgraça, e procuraram roupas para cobrir a nudez. Por que o sexual é o foco dessa *vergonha*? Acredito que seja porque a paixão sexual afasta-me

74 O PRINCÍPIO CRIATIVO GERA A PESSOA

de mim mesmo. Sou um conjunto e sou inteiro, e de repente uma mulher sexualmente atraente passa diante de mim e sou atraído em direção a ela, arrancado de mim mesmo. Mas, e essa é a parte mais importante, embora a paixão sexual me afaste dos meus objetivos intencionais, ou seja capaz de fazê-lo, um dos maiores erros é entender isso concretamente. Preciso explicar o que quero dizer aqui. Isso não significa que a paixão sexual não possa me afastar de mim mesmo, mas que esse é um exemplo grosseiro facilmente identificável, e que, portanto, permanece como um *símbolo* para forças mais difíceis de detectar.

Agora a pergunta é: o que, então, o impulso sexual simboliza? Penso que é a ligação de uma coisa com a outra que é cega. Uma ligação sem transformação. Na formulação de Bion, é uma ligação que não foi trabalhada pela *função alfa*. Estão ligados um ao outro por um magnetismo, uma força gravitacional. É cega, é escuridão. A luz, por outro lado, junta uma coisa com outra através de um princípio que é interno às diferentes partes. Em última análise, é através do ser de cada um, e em cada um, que as diferentes partes encontram sua coerência. Encontram coerência a partir de uma harmonia interna que está enraizada em uma realidade a que Solovyov refere-se como "harmonia do semelhante" (1918, p. 68). Essa harmonia de que ele fala surge da totalidade na qual participam todos os seres vivos.

Isso significa que o que Solovyov chama de "harmonia de semelhante" encontra sua similaridade na conjunção de ambos os participantes na verdade. É outra forma de apontar à proposição universal, referida no último capítulo. É preciso ser o que somos ou, da forma como descrevo, criar aquilo que somos. Temos que nos tornar, e isso novamente ecoa Bion, que disse que temos que nos tornar O.

Esta orientação metafísica foi relevante para os pensadores russos conhecidos como eslavófilos, na última metade do século XIX, especialmente Dostoievski, Tolstói e Solovyov. (O psicanalista que compartilha dessa orientação é Bion, que chamou a essa totalidade "*O*".) Havia uma clivagem nítida entre a metafísica desses pensadores e de seus contemporâneos, como Belinsky na Rússia, mas também pensadores na Alemanha, França, Inglaterra e Áustria. Mencionei a Áustria por último porque era lá que Freud estava enraizado nesse apaixonado dogmatismo que se espalhou como epidemia pelas escolas médicas da Europa. Para esses russos, havia uma unidade na diversidade, e a *harmonia* de que Solovyov fala está enraizada naquela unidade, naquela totalidade, e esse conhecimento se dá através da intuição. As diferentes partes na personalidade têm essa coerência intrínseca, e a luz a que me referi é a intuição que ali penetra. Na ausência dessa luz, as diferentes partes estão unidas apenas através de ligações externas, levando à contaminação de que falei. Mas precisamos entender o porquê disso.

Devo examinar primeiro os dois modos de conexão entre um ser humano e outro, e então ver como isso simboliza as relações internas. Há duas maneiras como posso me relacionar com esse outro ser humano ao meu lado. Posso fixar meus olhos sobre ele e permitir que ele atraia meu ser e, assim, se torne meu *ego*, como se fosse, ou então fecho meus olhos e permito que meu ser seja atraído pelo poder criativo interno. Sou cuidadoso aqui para não o chamar de meu próprio poder criativo. Este possui o eu e não o eu o possui. Esse poder criativo se manifesta nos sonhos e na *rêverie*. A realidade que partilho com todos os membros da raça humana está em mim. Sou parte da raça humana, e esse mesmo pensador russo, Solovyov, refere-se a isso como o princípio da *solidariedade*, e a compreensão é derivada dele. Essa solidariedade é outra forma de falar das experiências universais que todos compartilham

76 O PRINCÍPIO CRIATIVO GERA A PESSOA

(ver Capítulo 2). Assim, esse indivíduo que está aqui comigo agora tem uma presença sensorial para mim e eu para ele, e é sobre esse elemento que o poder criativo opera. Minha relação com ele agora está nessa atividade criativa interna. Vamos chamar esses dois modos de *em relação* e *aderente*. No modo *aderente* há, ao mesmo tempo, medo do que está dentro. Entro em *aderência* com o outro, mas não é realmente um *Eu*, mas sim uma variedade de partículas unidas, uma grudando-se na outra sucessivamente. Por outro lado, se estou *em relação*, então as diferentes partes são ligadas pelo interior, e assim existe um verdadeiro *Eu*. Pode-se pensar nisso, nos termos de Winnicott, como existindo um *espaço potencial*.

Esses dois modos diferentes de conexão um com o outro são também as duas formas como as diferentes partes vinculam-se uma à outra na personalidade. Se as conexões internas estiverem no modo *aderente*, então aquela parte que não está desenvolvida, que ainda está na infância, contaminará o restante da personalidade. Mas por quê? É porque o medo impele para fora de si aquilo que é temido. A realidade temida é ejetada, e isso estabelece um sistema de expulsão entre todas as partes. A presença da vergonha sinaliza que a situação é essa. A *vergonha* é uma declaração que aponta para essa situação interna envenenada.

Existe a relação de um com o outro no nível sensorial e a relação no nível da solidariedade ou das experiências universais. No nível sensorial, um está isolado do outro. No mundo inanimado, existem realidades que são fisicamente opostas; uma pedra não é a outra; essa pedra está fora da outra. Mas existem realidades construídas na trama do mundo físico que são espirituais. Dois exemplos: volume e peso. O volume é intrínseco aos objetos e é ainda espiritual. A palavra *espírito* é definida com um conceito negativo. Significa uma realidade que não é material. O volume é uma realidade espiritual. A realidade espiritual que é mais relevante para nós é a dos objetos *em relação*. A capacidade de se relacionar é intrínseca e ainda é espiritual. Não pode ser medida ou descoberta sendo pesada. Coisas no nível sensorial estão fisicamente fora uma das outras, mas *em relação*. Essa qualidade de *em relação* existe intrinsecamente no nível subatômico, como foi enfatizado por Charles Birch. Ele afirma que um átomo ou molécula adquire propriedades diferentes de acordo com a natureza do sistema circundante. Um átomo de carbono em um diamante (composto por outros átomos de carbono) é diferente de um átomo de carbono em uma enzima. Ele diz, especificamente:

> *Não há razão pela qual não deveríamos dizer que um elétron é atraído por um próton. O que queremos dizer com isso é que o elétron leva em conta internamente o próton em seu ambiente. A proposição é que todas as entidades tais como elétrons, células e seres humanos têm relações internas. Todos podem ser chamados de organismos. (1995, p. 79)*

Na constituição interna, o um e o outro estão em relação. Há o nível sensorial e o nível ontológico. No modo sensorial, um está isolado do outro; o nível ontológico é de interior para interior. O nível sensorial é uma conexão de exterior para exterior; cada um está isolado do outro, mas isso já não é mais assim quando o nível sensorial está contido no ser, e esse é o nível que rege o todo. Isso é mais explorado no Capítulo 10.

A relação no nível de existência, solidariedade ou universalidade transcende a realidade sensorial de cada um e, ao mesmo tempo, é a realidade mais profunda de cada um. Essa realidade é criativa e iniciadora, porque se relaciona a partir de sua própria

78 O PRINCÍPIO CRIATIVO GERA A PESSOA

interioridade. Leva em conta o outro em sua própria subjetividade e, como Charles Birch diz, a partícula subatômica leva outra partícula subatômica em conta *interiormente*.

Há um princípio iniciador dentro de cada uma dessas funções internas. Gosto da analogia de uma semente que precisa ser regada, pois implica que a ação iniciadora precisa partir de dentro da semente, mas é necessária uma sugestão externa para que o processo se inicie. Precisamos buscar o equivalente psicológico da água e da luz solar. A diferença entre a matéria inanimada e os seres vivos é que, nestes últimos, há um princípio iniciando a ação, por menor que seja a porcentagem do movimento atribuída a ele. Nos seres humanos, é essa pequena ação iniciadora que torna pessoal. Isso embasa o que eu havia dito: que o princípio criativo é o núcleo da personalidade. Parece fraco, quase invisível, um nada que é tudo. O pensador francês Maurice Blondel expressou-o sucintamente, em 1893, da seguinte forma:

> *Por este motivo, se a síntese é algo mais do que a imensa profusão de suas condições, deve haver aí algo para conter e dominar essa imensidão; um resíduo que sem dúvida é tão pequeno quanto nada, e que a ciência leva em conta somente para eliminá-lo; mas é esse nada que, do ponto de vista interno, é tudo, uma vez que é o princípio invisível da síntese, a alma de todo o conhecimento e de cada operação eficaz. (1984, p. 98)*

Pequeno, fraco, invisível – nada, e ainda assim, tudo. Algo não atingível pela ciência, mas capturado pelas artes. O escritor que o capturou, acredito, foi George Meredith. No preâmbulo de seu romance *O Egoísta*, ele designa o "espírito cômico" como o unificador: "o espelho interno, o espírito que compreende e condensa, é necessário para nos dar aqueles intermináveis amontoados de matéria em sua essência (quase prolongando-se ao próprio polo) em amostras digeríveis escolhidas" (1919, p. 2). O que Meredith reconhece aqui é a maneira como a unificação ocorre através de uma seleção que, no entanto, é uma representação fiel de uma vasta gama de experiências. Com o desenrolar da história, ele mostra como o protagonista, Sir Willoughby Patterne, tenta unificar, submetendo sua noiva ao seu próprio mundo restrito. Ao invés de crer em uma essência que existe no mundo todo, Sir Willoughby tenta impor uma unificação que se baseia em deixar de lado um princípio transcendente que está no mundo. Essa unificação por aniquilação ocorre de forma semelhante quando alguém impõe, sobre os inúmeros estímulos que compõem a comunicação humana, a visão de Freud, Klein, Bion ou Kohut. O que estou destacando, ou tentando destacar, foi bem assinalado pelo pintor André Lhote. Ele se refere à maneira como Cézanne abriu novos caminhos encontrando estrutura *sem* voltar-se a uma teoria, um princípio de ordem escolhido preexistente na mente do sujeito:

> *Por séculos os refinados franceses aprenderam que a*
> *ordem deve preceder a organização das formas e cores,*
> *mas não que a paixão, quando liberada nos transpor-*
> *tes da consciência, pode buscar basear-se em uma nova*
> *ordem, incessantemente inventada, que não será nada*
> *além da fixação do ritmo, até mesmo de sua explosão.*
> *A mentalidade latina não aprecia essa organização,*
> *almejada no coração do cataclismo. Precisa de constru-*
> *ções apriorísticas, belas e limpas gaiolas para aprisionar*
> *os pássaros de sua imaginação. Não distingue facilmen-*
> *te essas instáveis arquiteturas, sempre renovadas, que a*
> *inspiração constrói por tentativa e erro. (1998, p. 179)*

80 O PRINCÍPIO CRIATIVO GERA A PESSOA

André Lhote tem fé na existência de uma ordem a ser percebida na paixão, no lugar de impor outra que destrua a visão mágica. Aquilo a que Meredith se refere como "espírito cômico" ou "espelho interior" transcende o limitado mundo do precioso método de unificação do indivíduo, que aniquila o mundo.

Freud (1919a) também reconheceu que havia um princípio sintetizador na personalidade. Ele diz:

> *o paciente neurótico, com efeito, apresenta-se-nos com a mente dilacerada, dividida por resistências. À medida que a analisamos e eliminamos as resistências, ela se unifica; a grande unidade a que chamamos ego, ajusta-se a todos os impulsos instintuais que haviam sido expelidos* (split off) *e separados dele. A psicossíntese é, desse modo, atingida durante o tratamento analítico sem a nossa intervenção, automática e inevitavelmente. (1919, p. 161)*

Ele sugere que o princípio de unificação está dentro da personalidade, e não surge por uma imposição externa. Podemos considerar a analogia da reprodução celular no organismo. O núcleo de uma célula funde-se com o núcleo de outra, produzindo um ser separado dos núcleos originais.

O princípio criativo vincula-se, então, a um princípio de seleção. Dos inúmeros estímulos que bombardeiam o organismo, somente alguns são selecionados, como salientou George Meredith. Podem ser selecionados de acordo com o princípio do prazer ou com o princípio ascético. O princípio do prazer orienta a personalidade em direção a elementos sensorialmente atraentes; o princípio ascético cega a personalidade a esses elementos sensoriais, preferindo formas invisíveis, mas estas estão *nos* elementos sem destruí-los, sem aniquilá-los, assim como o volume não destrói os elementos aos quais está ligado. Pela *askesis*, os sentidos são cegados de forma que o *nada* seja capturado. Como já mencionado, Picasso baseou nisso seu entendimento. Seu "olho interno metafórico" é o mesmo que o "espírito cômico" ou "espelho interior" de Meredith, e que o "nada" de Blondel. Os dois primeiros remetem à sua expressão artística; o último é sua expressão quase filosófica, mas referem-se à mesma coisa. Blondel refere-se a isso objetivamente; Picasso e Meredith, subjetivamente.

Essas formas invisíveis abrangem e compreendem os elementos sensoriais que se tornam inclusos nelas. A cegueira dos sentidos, característica do princípio ascético, permite que as formas invisíveis dirijam o processo, e não o contrário.

É quando essas formas, que são elas mesmas moldadas pelo princípio criativo, tenham realizado seu trabalho de abrangência dos elementos sensoriais, que a pessoa em potencial se torna de fato presente; o potencial é realizado. A pessoa *é* a criação. A pessoa *é* esse *em relação* que permeia toda a personalidade. O que George Meredith consegue transmitir com sua análise do caráter de Sir Willoughby Patterne é a forma como a aniquilação do mundo inteiro, exceto dele próprio e de Clara, sua noiva, também aniquila o *espelho interior* e, portanto, apaga a ele próprio. É assim que Sir Willoughby tenta persuadir Clara dessa posição:

> *O mundo foi o tema principal da desavença entre esses amantes. Sua opinião sobre o mundo a afetou como a uma criatura ameaçada com privação do ar. Ele explicou à sua querida que amantes necessariamente abominam o mundo. Vivem no mundo, aceitam seus benefícios, e fazem parte dele como podem. Em seus corações, devem*

82 O PRINCÍPIO CRIATIVO GERA A PESSOA

desprezá-lo, afastá-lo, para que o amor que sentem um pelo outro se desenrole em um canal desobstruído, com todas as forças que tenham. Não podem aproveitar a sensação de segurança do seu amor a menos que se afastem do mundo. "É, você admitirá, vulgar; é uma besta. Formalmente, agradecemos pelo bem que recebemos; só nós dois temos um templo interno onde o culto que realizamos é verdadeiramente, se você puder vê-lo, uma excomunhão do mundo. Abominamos essa besta para adorar a divindade. Isso nos dá nossa unidade, nosso isolamento, nossa felicidade. Isso é amar com a alma. Você entende, querida?"

Ela balançou a cabeça; não conseguia entender. Não admitia qualquer dos notórios erros do mundo; sua calúnia, egoísmo, grosseria, intrusão, contágio... (1919, p. 45)

O *espelho interno* é sinônimo de consciência, então deixar de lado o mundo é também deixar de lado o que há de mais elementar para seu próprio ser. Clara quer romper o noivado com Sir Willoughby; o pai dela não entende por quê; Sir Willoughby não entende por quê; Sir Willoughby é rico e tem tudo que uma jovem mulher poderia querer, exceto... e isso é o que Clara acha tão difícil explicar. Como ela poderia explicar que falta o *espelho interno* em Sir Willoughby? Como Blondel diz, parece um mero *nada*, e ainda assim, é tudo.

Esse *espelho interno* é uma criação, mas não apenas de dentro do indivíduo, e sim de uma pessoa de fora. É possível uma pessoa criar o *espelho interno* em outra? Acredito que sim, e é esse o tema do próximo capítulo.

5. Pessoa gera pessoa

Já vimos como a pessoa é o resultado do princípio criativo envolvendo as "dotações" da personalidade. Mas esse princípio criativo não está confinado dentro da individualidade de uma personalidade. Da mesma forma que uma célula gera outra através de um gene em seu núcleo, assim uma pessoa gera outra.

É difícil apreender o ato de criação. É algo que inferimos, mas não conseguimos perceber. Quando, de repente, entendemos algo, é a manifestação de um ato criativo invisível. Quando "nos damos conta" de algo pela primeira vez, aquilo também é fruto de um ato interno de criação. Algo interno se transformou. O que é difícil entender é que algo é criado, mas não é causado. Se realmente é criado, não pode ser causado. Isso porque não há uma fonte externa ao ato criativo. Ele é a fonte. É isso que criação significa – surge algo que não tem causa anterior. Estamos presos em um sistema causal que é verdadeiro para o mundo inanimado, mas não para a vida, muito menos para a vida humana. Há um poderoso espírito

84 PESSOA GERA PESSOA

missionário, que aprisiona uma visão mais ampla e profunda dentro de uma lente, restrita e adequada a uma porção da realidade, mas não à totalidade da condição humana, e ainda assim essa perspectiva limitada e seu modo de funcionamento têm sido aplicados à totalidade da realidade. A fonte de um ato criativo encontra-se em um nada – *nada*; é uma fonte que não está em lugar algum.

No momento em que penso que essa fonte é algo que possuo, traí sua natureza. Ocorreu um equívoco. A relação não pode ser possuída por qualquer um dos objetos entre os quais ela ocorre. O ato de criação partilha do tipo de realidade instanciada em um relacionamento. A relação entre eventos está lá, mas novamente precisa ser criada. Gravidade é um princípio de relação entre todos os eventos do universo físico – estava lá, mas foi criada por Newton. É uma relação criada. Existem relacionamentos entre eventos na personalidade que são criados pelo Newton interno. Falo da fonte, mas essa provavelmente não é a imagem correta. A linguagem adequada para isso talvez seja *relação-fonte*. Essa atividade misteriosa dentro da personalidade é uma realidade, uma maravilha, da qual sou servo. Tento me tornar seu mestre, mas isso é algo que não consigo fazer; sou seu servo. Acredito que é esse o significado do mito de Adão e Eva no jardim do Éden. Adão acreditou que essa fonte de conhecimento poderia se tornar sua e comeu o fruto da árvore do conhecimento. A serpente foi quem insinuou que os dois poderiam tornar-se possuidores dessa fonte de conhecimento. Se isso estiver certo, significa que, desde os mais remotos tempos, sábios anciões sabem por uma profunda intuição que a fonte da criatividade não é algo que pode ser possuído pelos seres humanos. Não posso possuir minha própria criatividade; sou possuído por ela. A relação entre componentes na minha personalidade não pode ser possuída por mim; a relação entre outros e eu não pode, por definição, ser de minha posse.

O ato da compreensão ocorre em uma pessoa quando a comunicação vem do elemento criado em outra pessoa. Quando vem do incriado, não é compreendido no indivíduo ou no outro. Há, no entanto, algo na comunicação interpessoal que possibilita transformar o incriado em criado. E se o elemento for incriado no terapeuta e no paciente? É aqui que entra a fé. A crença é o transformador psicológico que transforma possibilidade em realidade. É a galinha sentada em um ovo. O ovo tem a possibilidade de se tornar um pintinho. A galinha chocando o ovo possibilita que o ovo se torne um pintinho. A crença é dessa natureza. Pode ser um erro. A galinha pode ficar sentada sobre um ovo choco e nenhum pintinho aparecerá. O elemento precisa ser capaz de ser transformado. Crença na personalidade funciona para realizar a transformação. O elemento tem que estar lá para que possa ser transformado. A crença enquanto função torna-se disfuncional quando vem envolvida em uma onipotência que aniquila o elemento. A criação, na condição humana, é criação de algo e a partir de algo, não é uma criação do nada. Só Deus pode criar do nada. Reconhecer a limitação das nossas faculdades é a base para o funcionamento saudável das funções da nossa personalidade.

Um estudante de teologia ouvira de um palestrante que as Epístolas de São Paulo haviam sido escritas antes dos quatro Evangelhos. Isso era algo que ele sabia e que flutuava em sua mente como um fato desconectado de quaisquer outros fatos. Então um monge lhe disse que a primeira revelação de Cristo foi através das cartas de São Paulo, e o encorajou a ler apenas essas cartas, e tirar da cabeça os textos do Evangelho. Uma luz se acendeu na mente do estudante. Esse fragmento isolado de informação agora se tornara real, e sua compreensão desse aspecto da revelação cristã era real. O motivo pelo qual houve essa súbita inspiração no estudante de teologia foi o fato do monge o ter assimilado como um

86 PESSOA GERA PESSOA

fragmento de compreensão pessoal. Não era para ele apenas um fragmento de conhecimento acadêmico, mas sim algo com significado emocional. Essa simples frase, "significado emocional", precisa ser desmembrada. O que isso significa realmente? Vamos colocar de outra maneira.

Loucura é quando algo finito se apodera da mente. Sabedoria é quando o infinito se apodera da mente. Mas essa não é a fraseologia correta. A mente encontra seu fim verdadeiro, ama seu fim verdadeiro. A mente descobre quem ela é naquele ato de amar seu fim verdadeiro. A mente entra em um relacionamento com quem ela é. Ela torna-se quem ela é. A loucura é uma caricatura sarcástica da sabedoria: quando o finito captura a mente ao invés do infinito. Sabedoria é quando o infinito captura a mente; loucura é quando o finito aprisiona a mente.

Darei outro exemplo da minha própria experiência quando estava em análise. Eu tinha começado a participar de seminários clínicos. Estava com meu primeiro paciente. Falei com o meu analista sobre algo que ocorria entre meu paciente e eu, e disse, me justificando: "Mas não fiz uma interpretação transferencial...".

Ele me perguntou: "Qual é o propósito de fazer uma interpretação transferencial?".

Gaguejei e disse debilmente, "Bem... estabelece mudança psíquica".

Houve um silêncio, e então ele disse: "Serve para remover um obstáculo que existe entre o analista e o paciente".

Essa afirmação aparentemente simples teve um imenso impacto sobre mim. Se a interpretação for definida como algo que tem um profundo efeito emocional sobre alguém, então essa foi uma interpretação muito poderosa. Não foi uma formulação intelectual; foi pessoal, e sentida com dor e angústia. Um ato de compreensão ocorreu nele, meu analista. Por ter sido um ato de compreensão para ele, teve um impacto forte em mim. O ato criativo pessoal nele criou um elemento em mim que até aquele momento era incriado. O incriado tornou-se criado. Até aquele momento, eu não havia compreendido por que uma interpretação transferencial era um aspecto tão importante da psicanálise. Naquele momento, percebi que a transferência era um meio, e não um fim; que o objetivo da psicanálise era levar o centro criativo de duas pessoas a relacionar-se um com o outro, e que o objetivo da interpretação de transferência era dissolver o delírio sensorial que impede a abertura do centro de uma pessoa para o de outra.

Um paciente estava em sua sala de estar em casa, colocando selos em seu álbum de selos, quando de repente percebeu que seu analista não o conhecia completamente, e nunca iria conhecê-lo. Naquele instante, uma ilusão foi banida. A questão aqui é a seguinte: se o analista acreditasse ele próprio que seria possível conhecer completamente seu paciente, seu paciente teria tido essa percepção? Acho muito provável que não. Esse momento de inspiração ocorreu a ele porque o analista sabia que nunca poderia conhecer completamente seu paciente ou qualquer ser humano; que seu conhecimento de si mesmo e de seus pacientes era extremamente limitado; que ele poderia apenas ter vislumbres passageiros do mundo interno do outro. Havia então um filamento ligando a pessoa do analista e a pessoa do paciente. Mesmo isso talvez não esteja exatamente correto; a pessoa do analista criou essa nova pessoa no paciente. A compreensão é uma manifestação dessa criação.

Uma psiquiatra tratava um jovem que acreditava que ela sabia tudo o que ele pensava. Em discussão com seu supervisor, a psiquiatra percebeu, pela primeira vez, a crença do paciente de que

88 PESSOA GERA PESSOA

ela sabia todos seus pensamentos sem que ele tivesse que dizê-los. A psiquiatra compreendeu isso pela primeira vez. A compreensão passou do supervisor para a psiquiatra. O que fora criado no supervisor transmitiu-se para a psiquiatra. Por um tempo, o supervisor não havia compreendido isso. Um árduo trabalho criativo deu lugar à realização no supervisor, que depois foi passada para a psiquiatra, e ainda mais tarde, ao jovem a quem a psiquiatra estava tratando.

Isso implica que uma pessoa pode criar na outra. Tal fato é possível porque há uma convocação do incriado para a criação. O incriado é o mundo do qual o outro é uma parte; o lugar do poder criativo não importa para o incriado. O indivíduo é subordinado a esse poder. Foi isso que Adão e Eva tentaram subverter. A pessoa não é um ente fixo cujas fronteiras coincidem com a estrutura física do indivíduo. O poder da criação reside na relação. O relacionamento que vincula os dois indivíduos é o poder, o poder criativo, do qual os indivíduos são servos. Esse movimento pode ocorrer quando duas pessoas estão a uma distância física uma da outra, geograficamente, ou a uma distância em tempo histórico uma da outra, como no exemplo de *Anna Karenina*, de Tolstói, apresentado no Capítulo 2.

Essa visão é confirmada pela mecânica quântica, que mostra que a presença do observador afeta o elemento observado. Também é algo que teve grande expressão na mitologia do sul da Índia.

Uma pessoa pode criar na outra fora do espaço físico externo ou tempo. Um analista diz à paciente: "Quando você me contava que seu irmão não consegue cuidar de si mesmo, embora tenha trinta e cinco anos, acho que estava querendo indicar que você ou seu irmão não tiveram algum aprendizado na infância".

Naquele momento, a paciente não compreendeu, mas depois ouviu sua tia dizer que "Sua mãe estava sempre muito ocupada para ensinar a você e seu irmão como se vestir, como pegar o ônibus para a escola. Vocês dois estavam sempre meio perdidos".

Quando sua tia disse aquilo, ela repentinamente compreendeu o significado da frase do seu analista. Esse detalhe fornecido pela tia materializou a abstração do analista – *algum aprendizado na infância* –, criando a realização. O criativo vem de uma relação – aqui é a relação entre uma abstração especulativa sobre a educação infantil e uma narrativa da infância. Ela estava conectada ao seu analista naquele momento, embora estivesse em casa, a trinta quilômetros do consultório dele, e tivessem passado três dias desde que seu analista dissera aquilo. Ainda assim, ela estava conectada ao seu analista naquele instante – através do *nada* (ver Blondel, Capítulo 4), através do *olho interno metafórico* (ver Picasso, Introdução).

O momento da realização é a manifestação da conexão entre ela e a pessoa de seu analista. Isso pode ocorrer anos depois, quando o analista já estiver morto. A morte física não elimina a pessoa. Uma realização a partir de uma intervenção de meu analista aconteceu trinta e cinco anos após o evento. Houve, naquele momento, uma comunicação viva entre ele e eu, embora ele estivesse morto fazia vinte e cinco anos.

Estamos tão acostumados ao fenômeno da identificação projetiva, que é a descarga das partículas incriadas, ou *elementos beta*, para usar os termos de Bion, seja em outro indivíduo, em uma organização ou em uma ideologia, que a ideia de que algo pode ser criado no outro é estranha ao nosso pensamento, pelo menos na psicanálise. Somos também tão amarrados a uma causalidade baseada na ideia de que uma coisa é resultado de outra que não

90 PESSOA GERA PESSOA

conseguimos conceituar que algo possa vir totalmente de mim e, ainda assim, ser uma criação vinda do outro. A mente não consegue alcançar isso. Então, ao invés de reconhecermos as limitações da nossa mente, dizemos que não pode ser assim. Há uma diferença entre uma contradição lógica e uma aparente antinomia. Quero ilustrar isso com a narrativa de uma história mitológica do sul da Índia.

Précis *da história de Simantini*

Dois rapazes brâmanes, Sumedha e Samavan, queriam ter dinheiro suficiente para poderem se casar. Eles sabiam que a rainha Simantini dava dinheiro para casais prestes a se casar, então Samavan vestiu-se de mulher e foi, juntamente com Sumedha, na companhia de outros casais, até o Palácio da rainha Simantini. A rainha notou imediatamente que Samavan era um rapaz. Ela deu roupas, perfumes e joias a todos os casais, os louvou como Shiva e Uma e então lhes deu licença para partir.

No caminho de volta para casa, Samavan transformou-se em mulher. Virou-se para Sumedha e disse, "Marido, estou com muito desejo, por favor, faça amor comigo. Se você se recusar a fazer amor comigo, morrerei". Sumedha a examinou cuidadosamente e viu que era uma mulher, e muito bonita. Estava espantado, e disse, "Veja, vim aqui com o meu amigo Samavan, mas não o vejo mais. Quem é você?". Ela responde, "Eu era o seu amigo Samavan, mas agora sou mulher, e meu nome é Sarasvati".

No início, Sumedha achou que estivesse sendo enganado, mas Sarasvati despiu-se e revelou a ele seu corpo todo, e assim ele se convenceu. Ele então percebeu que essa transformação ocorrera pelo poder da imaginação que a rainha Simantini exercera em seu coração sobre ele na segunda-feira, dia de Shiva.

A força da imaginação interna chama-se *bhavana* em sânscrito. Essa forma de pensamento sobre a imaginação é resquício de Montaigne (1991), que escreveu sobre o poder da imaginação, e dá o exemplo de uma mulher que se tornou homem.

Precisamos refletir sobre isso de diferentes perspectivas. A imaginação é *transitiva* e *interpessoal*. É calcada em uma crença que não é individualista. Shiva é o deus do absoluto. É essa participação de todos os seres no absoluto, a fonte de todo poder, que dota a imaginação com sua imensa força. Essa qualidade transitiva da imaginação é o que está atuando na rainha Simantini, mas a história indica que seu poder vem de Shiva e sua esposa Uma. A rainha Simantini torna-se a agente humana de Shiva. O culto a Shiva encarna a crença em um absoluto, que é a fonte de todo poder criativo.

As criações da imaginação são fatos. São os únicos fatos incontestáveis. Os únicos fatos que podem ser conhecidos. Só sei realmente aquilo que criei. Se me sento e pinto um cenário à minha frente, isso é subjetivo, no sentido de que qualquer um que pinte o mesmo cenário o fará diferentemente. Um exemplo disso pode ser visto nas pinturas feitas por Cézanne e Camille Pissaro do mesmo cenário. Eles se sentaram um ao lado do outro e pintaram o que viram em sua frente, mas a pintura de Cézanne é surpreendentemente diferente da de Pissaro, ainda que seja possível ver que ambos estavam olhando para a mesma casa e árvores. Todos os estímulos que bombardeiam o sujeito são processados através de uma lente, que molda uma interpretação a partir de um conjunto de estímulos.

92 PESSOA GERA PESSOA

Bhavana, a imaginação, é a essência do *self* (*atma-guna*). É pelo poder de *bhavana* que elaboro a continuidade de meu próprio *self*. A memória (*smrti*) é o fruto de *bhavana*, como também o reconhecimento (*pratyabhijna*). Quando reconheço algo em alguém, estou fazendo mais do que apenas olhar passivamente; o ato de ver tem uma força reconstrutiva. Essa é a razão pela qual um paciente fica frequentemente com medo de permitir que algo nele seja visto. A atenção (*a ˘ dara*) é também levar algo a ser. No *bhavana*, há um poder formativo. É como se a rainha Simantini tivesse transformado Samavan sem qualquer cooperação de sua própria vontade, mas podemos nos perguntar, por que Samavan se vestiu de mulher, e não Sumedha? Havia certa simpatia dentro dele pelo feminino. Havia um saber do feminino que veio da mulher psíquica dentro dele, do *ânima*, para usar a palavra Junguiana. A rainha Simantini, prestando atenção (*a ˘ dara*) a esse elemento oculto dentro de Samavan, o trouxe à existência. Podemos pensar que Samavan, ao vestir-se de mulher, convida a rainha Simantini a prestar atenção àquela semente escondida nele. Uma vez transformado em Sarasvati, seu desejo de fazer amor com Sumedha é tão forte que endossa a ideia de que havia o tempo todo um desejo ativo de se tornar mulher. Primeiro ele se veste de mulher, e depois, assim que se torna mulher, está ardendo de desejo de fazer amor. Então, a transformação ocorreu através de um processo interativo. Isso significaria que sempre existiu um "*self* central" feminino em Samavan/Sarasvati, a que o reconhecimento (*pratyabhijna*) da rainha Simantini dá vida? Se for assim, então a imaginação opera trazendo uma semente à vida. A imaginação estaria, então, em estreita aliança com a crença, que é como uma galinha chocando, que do ovo faz sair um pintinho. Estamos tão acostumados com o fenômeno em que uma ave se senta sobre o ovo e faz nascer uma ave bebê do ovo fertilizado que nem nos admiramos com esse surpreendente poder de trazer uma nova vida daquilo que parece ser uma gema disforme no centro do ovo. Na cultura do sul da Índia consideram que *bhavana* funciona. O uso ocidental da palavra "mágica" é um desrespeito cultural por algo que não compreende e não é capaz de usar corretamente.

Esses modos de ser, *a̅dara* e *pratyabhijna*, atenção e reconhecimento, não são condições passivas, mas poder ativo; um poder *formativo*, como diz Newman (1927) e, como diz David Shulman (2005), são *transitivos*. Juntando esses dois, dizemos que eles têm um poder que é *transitivo* e *formativo*; que é um poder que constitui, molda e une coisas dispersas; que a atividade da atenção tem força fertilizante dentro de si, que passa de uma mente para outra. *Pratyabhijna* leva ao centro da personalidade algo que estava em seu perímetro externo, e o molda como um princípio que organiza e une a personalidade em seu entorno. Passa de pequeno e insignificante na hierarquia interna para ser um princípio de suprema importância, como um membro do Parlamento que ficava nas cadeiras do fundo e se torna primeiro ministro.

Na história há luta e dúvida. Sumedha não acredita que Samavan tornou-se Sarasvati. Ele não consegue crer nesse poder transitivo e formativo. Parece que a atenção é uma área sensível, e não um olhar transformador que penetra na essência do outro.

Estou em uma galeria de arte e caminho passando os olhos por cada pintura. Então paro e não passo os olhos, mas olho e vejo essa pintura em minha frente. Olho para o corpo de um homem morto sendo amparado pelos braços de dois anjos. Um dos anjos parece desamparado e traído, desiludido pelo homem morto; o outro está preocupado com o que os observadores estão pensando dele. A expressão da face do homem morto é de total rendição.

94 PESSOA GERA PESSOA

A mulher à direita, ao pé da cruz, com braços estendidos, está tendo um ataque histérico, enquanto a mulher à esquerda sabe o que aconteceu e chora baixinho. Então meus olhos se afastam e vejo toda a cena. Moldei essas diferentes partes em uma experiência interna de tristeza, tragédia e beleza. Esse olhar para a pintura é tão diferente do passar de olhos anterior como olhar a superfície do mar e mergulhar com óculos e olhar todos os corais, peixes, caranguejos e algas. Há uma visão formativa; uma visão que cria o que está lá. E isso é transitivo – pode passar, e passa, de um para o outro. Há uma luta para chegar a essa crença. É doloroso desistir da ligação a um conjunto de suposições familiares. Sumedha se apega a isso. Para ver Sarasvati ao invés de Saravan ele precisa passar por uma mudança de si mesmo, tão profunda quanto a que ocorreu com Saravan/Sarasvati. Saravan é um jovem homem; ele o vê de um jeito particular, de modo estável; o padrão interno é moldado em concreto. Ver o que aconteceu requer uma desconstrução da forma como o edifício interno foi construído. Precisa ser posto abaixo e reconstruído novamente. Ele não pode acreditar que esse interior mudou, que a rainha Simantini exerceu esse poder de *pratyabhijna* sobre o interior de Saravan. Ele só consegue acreditar nisso permitindo que o poder criativo o modifique.

O místico alemão Meister Eckhart afirma que o desapego é maior do que o amor:

> *louvo o desapego mais do que a humildade porque a humildade perfeita curva-se sob todas as criaturas, e esse homem curvado sai fora de si mesmo para dentro das criaturas. Mas o desapego permanece dentro de si. Nenhum sair de si pode ser jamais tão nobre quanto é residir em si mesmo. (1963, p. 157)*

Ele quer dizer, acredito, desapego de um vestígio imóvel, imutável dos contornos internos do outro. É preciso se desapegar da edificação interna como foi construída e permitir que seja reconstruída. É desapego do que está lá e uma construção imaginativa de uma edificação interna diferente. Para que isso ocorra, a antiga precisa primeiro ser derrubada. A visão de que existe uma condição fixa estática fora de mim que me condiciona – isso tem que ser derrubado. É a fonte da loucura. É o que é mais profundamente eu que precisa ser criado. Na psicologia behaviorista, a visão de estímulo-resposta tem que ser destruída. Essa é a crença de que o organismo humano é inteiramente formado por estímulos que o bombardeiam. A ideia de que o ser humano está sujeito ao infinito, e não ao finito, possibilita flexibilidade, enquanto a última ligação solidifica o que precisa ser flexível. Isso precisa de mais elaboração.

Há duas dimensões para cada coisa, seja uma estrela como Sirius, um mineral como o cobre, uma flor como o dente de leão, um animal como o leopardo, uma criança, uma mulher idosa, um sonho, um evento histórico como a Segunda Guerra Mundial ou um ritual religioso como a celebração da Eucaristia na Igreja Católica. Uma é a superfície, que pode ser descrita ou narrada, e a outra é a existência, que transcende e, ao mesmo tempo, está *na* coisa ou evento. Esta última é indefinida, exceto por sua existência. Não há fator de restrição. Uma flor não é um animal, mas a não existência é a única coisa que a existência não é. Se penetro minha individualidade superficial, baseada em sensações, e mergulho em minha existência, estarei em fraternidade com as estrelas, os minerais, as plantas, os animais, os seres humanos e todos os eventos históricos. Se eu me tornar o infinito, então estarei aberto a toda a realidade da qual faço parte. Sou maleável; sou flexível. Se eu submergir em meu pedaço de verdade humana individualmente forjado, então serei inflexível e rígido. A pessoa humana está na

96 PESSOA GERA PESSOA

existência em que "mergulho" através de um ato de *insight* criativo. Na medida em que essa essência é fundida em minha própria forma individual, sou formado pela implosão de elementos finitos que me bombardeiam.

Esse mergulhar da essência em minha própria forma individual molda meu modo de ligação. Esse *mergulho da essência* torna-se o modelo de como irei me relacionar com... outras pessoas, designações religiosas, organizações políticas, escolas de psicologia, socialismo, neurociência, psicanálise. Incorporo meu ser no corpo social e perco meu próprio discernimento quanto a ele. Torno-me seu escravo ao invés de exercer meu próprio discernimento em relação a ele. Em vez de estabelecer relação do meu centro com os princípios que regem a organização, afundo no caos de suas leis e ditames.

Há uma ligação entre *bhavana* e linguagem. Nomear algo não serve apenas para representá-lo, e sim para criá-lo. Nomear é também moldar. A palavra, a nomeação, é também a seleção e estruturação de uma gama limitada de elementos no mundo interno ou externo. É deixar algumas coisas de lado e admitir outras e estruturá-las com a linguagem. A linguagem, então, é instrumento do *bhavana*. Pode-se pensar no mundo todo como estando em um processo de emergência e *bhavana* com a linguagem como seu instrumento, fazendo nascer um novo mundo. Outra forma de pensar sobre isso é levar a música em consideração. Quando ouvimos música, prestamos atenção (*a ̆ dara*) às vibrações pré-semânticas. A nomeação também fixa uma sequência em uma forma registrável permanente. Então *bhavana*, juntamente com a linguagem, molda objetos no mundo humano.

Bhavana, para funcionar, precisa primeiro dissolver o que existe, desconstruí-lo em seus elementos, antes que possa reconstruí-lo.

Há também a ideia de que a imaginação busca algo e que esse algo é Shiva, com sua esposa Uma. *Bhavana* é uma transformação de Shiva. *Bhavana* ou imaginação é o instrumento pelo qual Shiva atua. Shiva é a finalidade ou a profundidade da qual *bhavana* é o instrumento eficaz. Shiva pode criar a partir do nada; *bhavana* cria dos elementos fragmentados. Há essa sensação, então, de que *bhavana* trabalha em direção a um objetivo, um *telos*, e por isso a analogia da semente que *amadurece* em um objetivo, mas um objetivo que, embora conclusivo, é indeterminado, é próprio.

Torno-me o que sou pelo desígnio de Verdade. Torno-me assim por um ato criativo. Sou, portanto, servo desse novo ser que me tornei. Mas sou um servo, não um escravo.

6. Significado como a experiência subjetiva da unidade

No Capítulo 5, mencionei que o princípio criativo, além de transformar as "dotações", gera também uma unidade; que aquelas partes desiguais agora formam parte de um todo. Isso é possível, como indiquei no Capítulo 2, porque o princípio criativo é, em sua essência, transcendente e imanente. Sua estrutura é capaz de "in-formar" uma série de fatos, pois, sendo mental, pode penetrar a forma física de existência. Foi por isso que o nomeei *"princípio totalmente inclusivo"* – por ser uma unidade que está na diversidade dos estímulos internos e externos. Como volume, peso ou densidade, permeia todos os elementos, está *em* todos os elementos, sem acrescentar a eles ou subtrair deles.

O significado é a experiência subjetiva dessa unidade. Bion (1962) afirma que determinado fato ilumina uma série daquilo que antes eram fatos desarticulados. Ele chamou esse princípio unificador de "fato selecionado". É um erro, no entanto, pensar nisso como um fato tal como uma sensação, que nunca pode ser

100 SIGNIFICADO COMO A EXPERIÊNCIA SUBJETIVA DA UNIDADE

unificadora, como ele sugere. Fatores psicológicos que têm as mesmas qualidades permeáveis de volume, peso ou densidade são tristeza, decepção, saudade, esperança, desespero, vergonha, bondade ou verdade. É um princípio mental que suscita as imagens sensoriais. Luto, decepção, esperança, bondade, criatividade ou verdade são realidades, e não ideias. Então o *"princípio totalmente inclusivo"* é tão real quanto uma pedra ou um crocodilo, porém sem características físicas. É realidade psíquica ao invés de realidade material. Freud (1940b) faz referência à realidade psíquica, embora não a enfatize.

Essa compreensão de significado é mais profunda do que aquela proposta pela filosofia analítica, que interpreta o significado conforme a estrutura linguística da sentença. Esta define o significado de acordo com a descrição superficial, recusando-se a penetrar abaixo da superfície. Há ódio da intuição metafísica. No Capítulo 1, fiz referência à clara afirmação de Polanyi sobre isso.

Outros exemplos de princípios mentais são confiança e amor, com a dor incluída no amor. Como o amor abre a mente para uma perspectiva mais ampla, inclui coisas dolorosas que haviam sido excluídas no quadro mais restrito. Essa estrutura que encerra as faculdades dentro da mente e mantém os princípios unificadores fora dela é consequência do ódio. O amor abre a personalidade à totalidade da existência; o ódio exclui essa totalidade. É o ódio a essa totalidade que me faz tão pequeno. Sou um fragmento da existência. O amor mostra minha pequenez dentro da totalidade do universo, mas a maravilha do todo inspira esse pequeno fragmento que chamo de *Eu*. O ódio, que exclui a totalidade, tem o efeito de transformar o fragmento no todo. É o criador, então, de uma ilusão. O sinal de que o ódio está atuando na personalidade é que certas faculdades internas e princípios externos ficam perversamente excluídos. Darei um exemplo disso.

Uma mulher de meia idade buscou psicanálise porque... bem, ela deu vários motivos. Sentia-se afastada de sua mãe e pai, e também do irmão. Ela considerava haver algo errado com isso. Quando o tratamento começou, reclamou amargamente de seus pais. Sua mãe a colocara em uma instituição quando ela tinha três anos. Seu irmão ainda não era nascido. Ela ficou na instituição por quatro meses. Seu pai estava no serviço diplomático e partiria para uma importante missão na Índia, e sua mãe estava tão entusiasmada em acompanhá-lo que colocou seu bebê, Luiza, em um orfanato. Falou repetidamente sobre a crueldade de uma enfermeira, que costumava vigiá-la e forçá-la a comer muito rápido.

Ela afirmava de repente, em uma frase apressada: "Acho que a Teresa, minha secretária, não gosta de mim", e após ficava em silêncio. Aquela frase era largada no meio da sala como se tivesse entrado voando como uma espaçonave vinda do céu. Foram cinco minutos de silêncio antes de ela falar, e mais dez minutos depois de ter falado. O clima estava pesado. Senti-me compelido a falar. Queria perguntar: "Do que você acha que ela não gosta em você?". A pressão para que eu dissesse isso era imensa. Se eu tivesse me submetido a essa força invisível, estaria indo contra minha vontade, meu desejo. Não o fiz, mas e se tivesse feito? Que diferença teria feito na nossa interação? Teria sido uma troca em que aquilo que veio de mim não teria sido do meu próprio desejo interior, mas sim de algo impetuoso contra meu próprio ser interior. Mas e do lado dela? Acredito que esse poder silencioso, mas invisível, tampouco tenha vindo de seu desejo interior, mas que ela também estava sob a ação de uma força. Então, se eu tivesse cedido àquela força inominada, teria ocorrido na sala do consultório uma interação entre dois computadores pré-programados. Acredito que ela falava repetidamente sobre aqueles quatro meses em que ficou em uma instituição para órfãos porque irradiava daquele evento dilacerante uma radiação atômica de enorme poder, que superava sua autonomia interna, seu

102 SIGNIFICADO COMO A EXPERIÊNCIA SUBJETIVA DA UNIDADE

próprio *self*, aquele ser interior a que ela poderia se referir como "eu"; o "eu" que estava em ruínas e disperso.

Depois de atrapalhar-me algumas vezes fazendo perguntas desse tipo, fiquei quieto e lentamente percebi que ela não era capaz de gerar quaisquer pensamentos dela própria, qualquer reflexão sobre si mesma. Então, por exemplo, ela disse, "Tem uma mulher chamada Emily que organiza todos no clube de *bridge*", e então – silêncio. Uma pausa de cinco minutos, e então: "Minha mãe costumava me mandar fazer coisas que eu não queria". Eu disse, "Você fala de duas mulheres que gostam de mandar nas pessoas". Ela disse, "Ah, então você acha que sou assim". Tornei-me escravo dessa pressão oculta. Lentamente, ficou claro que ela não conseguia refletir sobre sua maneira de se comportar como gestora. Ela só é capaz de compreendê-lo como uma voz autoritária que diz que ela tem um modo autoritário de se comportar, e que ordena que ela não o faça. A capacidade de gerar uma realização é quase ausente ou, pelo menos, pouco desenvolvida. Há uma melancolia que influencia seu humor e seu comportamento e, na medida em que nos aprofundamos em sua vida emocional, descobrimos que a razão para isso é a ausência de uma autoridade interna. Ela é incapaz de criar a partir do interior. Ela está sofrendo pela ausência desse seu interior. O historiador Arthut Bryant expressou isso da seguinte forma:

> *O homem é, por natureza, um produtor ou criador, bem como consumidor, e a menos que seja satisfeito o instinto de criar e produzir implantado nele, ele será um ser insatisfeito e infeliz, em maior ou menor grau... Se não for dada aos homens a oportunidade de criar, ele, em sua frustração inconsciente, destruirá.*
>
> *(1969, pp. 268-269)*

Então o princípio mental aqui é a perda do princípio criativo, pelo desastre que ocorreu a ela aos três anos de idade. A perda da autoridade interna é o princípio mental subjacente à variedade no relato descritivo que ela traz sobre suas dificuldades. Autoridade interna é um tipo de direito hereditário, e quando nos é tirada por conta de catástrofes precoces, permanece uma doença mental como sinal dessa perda fundamental. Então, o *princípio totalmente inclusivo* é a perda da autoridade interna. A criatividade, como um dos princípios mentais básicos, é sinônimo de autoridade interna.

Isto explica seu ódio por sua mãe, pai e irmão. A natureza desse ódio precisa ser examinada. Não é que a mãe seja vista e odiada, mas sim que sua existência individual está claramente dentro da percepção, e sua existência subjetiva é eliminada. A mulher em questão sabia que sua mãe existia, assim como sabia que a cidade de Londres existia, o que é um tomate, que um dia existiu um homem chamado Napoleão, que estamos no século XXI. Ela sabia que sua mãe existia como um fato. Seu conhecimento era externo. Ela conseguia descrever sua mãe externamente. Seu conhecimento das coisas era superficial. Seu conhecimento não era do tipo que penetra na vida interior do outro. Seu ódio eliminara isso. Nesse sentido, sua mãe era como um robô ambulante.

Uma vez supervisionei uma terapeuta que estava tratando uma mulher chamada Alice, que vivia com Jonas, seu companheiro. Ela vivia com ele fazia quatro anos, e estava frustrada. Ele andava deprimido e isso a irritava, embora ela não tivesse percebido que ele estava deprimido. Quando ela chegava em casa, ele estava atirado na frente da televisão. Ela o recriminava por não ter deixado o jantar pronto. Ele esqueceu-se de cuidar do carro, que então parou de funcionar porque o óleo não havia sido trocado. Ele não conseguira ser promovido no emprego, e por isso recebia muito pouco. Alice gritava com ele, que tipo de homem ele era, ele estava

104 SIGNIFICADO COMO A EXPERIÊNCIA SUBJETIVA DA UNIDADE

prejudicando sua vida, sua carreira e suas chances de ter um bebê. Como poderia ter um filho com um homem que ficava vadiando e nada fazia para sustentá-la? Ele era um obstáculo em sua vida, e então um dia ela disse à sua terapeuta: "De repente percebi que Jonas tem sentimentos". Até aquele momento ele tinha sido um robô. Seu ódio, até aquele momento, excluíra o conhecimento intuitivo. Jonas, até aquele momento, só era conhecido na medida em que a frustrava ou a satisfazia. Era desconhecido para ela que ele tivesse uma vida interior. Ela não tinha percebido que ele ficava decepcionado, ferido, quando ela gritava com ele. Até aquele momento ele não era um sujeito na consciência dela.

Vale a pena refletir sobre o fato de que, até aquela súbita revelação, Jonas só era conhecido por Alice na medida em que a frustrava ou a satisfazia. A filosofia interna que a orientava era a de alguém que buscava prazer e evitava dor. Era esse seu objetivo na vida. Buscar prazer e evitar dor era o que a motivava. Não importa a esse sistema motivacional como o prazer é alcançado ou como a dor é evitada. Não importa se o prazer é alcançado à custa do bem-estar de outra pessoa. Se a dor é evitada ignorando o sofrimento do outro, então que assim seja. No entanto, é esse sistema motivacional que herdamos de Freud. Não foi Freud que o inventou. Ele próprio o herdou da filosofia psicofísica, que assimilou de seu mentor Ernst Brücke, membro fundador da Physikalische Gesellschaft. Era subjacente a essa filosofia a ideia de que humanos são impelidos por estímulos externos, da mesma forma que a matéria inanimada. Então o ego, no esquema de Freud, é um escravo passivo dos estímulos perceptuais e impulsos instintivos internos, mas proponho a ideia de que a imaginação, *bhavana*, é o núcleo do *self*. Não digo que a imaginação simplesmente transforma o mundo humano em fantasia ou em uma ideia, mas sim que ela realmente constrói nosso mundo.

A busca pelo prazer e a fuga da dor são o registro subjetivo de estímulos diferenciais que atingem o organismo por meio dos sentidos. O estímulo que produz prazer é o que determina a direção pela qual o organismo segue; o estímulo que provoca dor afasta o organismo de seu epicentro. É, no nível mais profundo, um estado passivo. O estado passivo é isolado em si. Desse modo, essa é uma filosofia que nasceu de alguém que estava no mesmo estado emocional de Alice, antes de seu momento de iluminação. É somente através da atividade que a intuição para a subjetividade do outro é alcançada. No estado passivo não há qualquer preocupação com o objeto que causa a dor; poderia ser uma vespa me picando ou alguém me espetando com uma agulha. Nesse sistema, não importa. Foi John Henry Newman que enfatizou a qualidade formativa da mente, a que referi no último capítulo.

Se sou sensível à angústia do outro, é porque saio de mim mesmo, mas isso requer aquilo a que Newman se refere como uma ampliação da mente. Isso significa que minha mente se submete a uma re-forma. A mudança de passivo para ativo requer uma reconstrução interna dos conteúdos mentais.

Quero agora comparar o que estou dizendo aqui com os dois estados descritos por Melanie Klein como *posição esquizoparanoide* e *posição depressiva*. Klein teria atribuído à primeira, inicialmente, o nome de *posição paranoide*, mas, influenciada por Fairbairn, a renomeou como posição *esquizoparanoide*. Esquizoide significa um estado retraído, autoisolado. Como Alice estava fora do espaço da subjetividade de Jonas, estava em uma posição *esquizoide*, mas também se atormentava com o comportamento de Jonas, comportamento esse chamado de *paranoide* por Klein. Ela estava, portanto, retraída em si mesma e perseguida pelo estado passivo de Jonas. Esse é o estado mental que gerou a filosofia determinista que vê seres humanos como impulsionados por instintos internos e

106 SIGNIFICADO COMO A EXPERIÊNCIA SUBJETIVA DA UNIDADE

estímulos externos sem fonte originadora dentro da pessoa. É um estado passivo da mente. A mente como poder formativo, como Newman descreve, está mais próxima à *posição depressiva* de Melanie Klein. A ênfase aqui é na culpa que alguém sente quando há a realização de que o objeto (Jonas, neste exemplo) não é somente um seio que satisfaz ou frustra, mas que ligado a esse seio há uma pessoa que pode ser e foi ferida e prejudicada (por Alice). Mas Newman acrescenta algo mais ao que Melanie Klein nos deu. Ele diz que a mente é um poder formativo ativo, mas isso está ligado a uma ampliação da mente. Essa ampliação da mente através do contato com um princípio transcendente – e ao mesmo tempo imanente – abrange não somente o outro como pessoa, mas também o sujeito como pessoa. Até aquele momento oportuno Alice não somente via Jonas como um objeto que a satisfazia ou frustrava, mas ela própria tornou-se também mais do que um objeto determinado por tais estados, como construtora formativa de eventos, e ambos estavam envolvidos na unidade do ser.

Este é o lugar, em alguém, a partir do qual a unidade é construída. O que quero dizer é que essa consciência da subjetividade do outro é o princípio unificador. Kant disse que o *noumenon* era incognoscível, mas Shopenhauer acreditava, penso que corretamente, que o *noumenon* é o ato pessoal interno; que o subjetivo é o *noumenon*. Alice perdera isso por uma calamidade em sua própria vida. Fora adotada. Perdera, através desse evento infeliz, a capacidade de intuir o mundo interno do outro. É como quando alguém é dominado pelo impacto de um cataclismo e fica sujeito ao impacto do externo, até que alguém, um amigo ou terapeuta, chegue a uma compreensão empática do desastre original. Essa compreensão não é apenas uma compreensão empática do que aconteceu muitos anos antes, mas o reconhecimento de que sua crueldade para com Jonas (e para com seu analista) é o desastre que vigora no presente. Só então o indivíduo pode ver-se livre do estado de vítima. A terapeuta estivera em união compreensiva com Alice quanto aos desastres precoces que ela sofrera. Quando Alice realmente soube que sua analista a compreendera, Jonas, que até então fora somente um objeto, tornou-se para ela uma pessoa com sentimentos. Foi através da compreensão da sua terapeuta, sinônimo de uma possibilidade de compartilhar, a terapeuta tendo penetrado em seu próprio estado de sofrimento, que Alice se experimentou como uma pessoa, e, simultaneamente, viu Jonas como uma pessoa. Quando ela percebeu Jonas como uma pessoa, foi um sinal de que sua própria personalidade havia nascido dentro dela. Ela vê Jonas pelas lentes de seu próprio ser. Ela se conhece como pessoa *por inferência* ao ver Jonas como pessoa. Em outras palavras, ela não se *sente* como uma pessoa, mas *sabe* disso por inferência. Foi isso que Shopenhauer quis dizer – é desconhecido na medida em que não é acessível pelos sentimentos, mas por inferência. Essa é uma maneira melhor de dizê-lo do que dizer que é um conhecimento inconsciente, e não consciente. A implicação disso é que o outro e o *self* compartilham uma realidade. É o que designei em outro momento *ser participado* (Symington, 2004, pp. 77-84). Quando há compreensão de algo, a própria compreensão muda a natureza desse algo. Uma perda e uma perda compreendida são duas coisas diferentes. Já observamos que a compreensão é a manifestação de um ato criativo interno. Então a perda, que é um elemento da personalidade, seja um evento ou a consequência de um evento, é criada. O princípio criativo foi estabelecido. A maneira como me expresso aqui implica que há sempre presente na personalidade um princípio criativo, de forma que até mesmo uma perda pode ser transformada. A forma como tenho colocado isso pretende sugerir que a autoridade interna foi perdida pelo desastre que essa mulher vivenciou aos três anos, quando sua mãe a colocou em uma instituição. Mas agora começa a parecer que isso

108 SIGNIFICADO COMO A EXPERIÊNCIA SUBJETIVA DA UNIDADE

não pode ser verdade, porque ela é capaz de entender a perda, a ausência, o elemento malformado. Mas chegamos aqui ao propósito da psicanálise, o propósito da psicoterapia. Tenho dado ênfase à natureza transitiva dos estados mentais, das capacidades mentais. Se esse princípio criativo está presente, está ativo no analista, então pode estimular espontaneamente o mesmo princípio criativo no ser. Esse foi o tema do último capítulo.

Quando essa capacidade para o gerar está ausente, é trocada por um substituto: um comando externo, uma teoria externa, uma figura externa que é falsamente transformada em feitora da unidade. Então ela não consegue refletir a respeito de seu comportamento emocional em relação aos outros. Pacientes que procuram análise têm funcionado com princípios substitutos, mas há um conhecimento incipiente de que isso não é satisfatório. Eles procuram o psicanalista para, junto com eles, criar esse princípio interno. Assim como a rainha Simantini transformou o desejo de ser feminina de Samavan em uma realidade plenamente desenvolvida, também o analista transforma o desejo do paciente em uma realidade estabelecida, ao mesmo tempo que sabe, por inferência, que o está estabelecendo nele próprio. Uma palavra sobre desejo. A presença do desejo, penso, indica que há uma semente já presente – uma semente que precisa ser regada. Suspeito que esse desejo requer ser purificado. Desejo, como todos sabemos, pode ser mesquinho, mas penso que quanto mais o "nível do desejo" cresce, mais tem capacidade de "fertilizar" e trazer a semente para a vida. Quanto mais puro o desejo, mais potência tem para pôr em ação o que é desejado.

Então, existem princípios que unem os mundos interno e externo. Novamente, tal princípio é desejo, cujo objetivo é a realização da unidade. Crescimento emocional significa progresso da diferença desarticulada para harmonia e unidade. Isso está presente

mesmo quando a representação externa parece estar mais afastada. É esse princípio criativo que cria a unidade, e é um princípio
adjacente que estabelece essa unidade, de forma que não lampeje
como relâmpago no céu noturno da mente, e sim torna-se uma
possessão permanente. Novamente, Newman (1927) diz:

> *tal conhecimento não é um mero benefício extrínseco ou*
> *acidental, que hoje é nosso e amanhã é de outra pessoa,*
> *que pode ser tirado de um livro, e facilmente esquecido*
> *novamente, que podemos comandar ou comunicar con-*
> *forme nossa vontade, que podemos pegar emprestado*
> *para a ocasião, carregar em nossas mãos e levar ao mer-*
> *cado; é uma inspiração adquirida, é um hábito, um bem*
> *pessoal, uma dotação interna. (p. 113)*

Freud inferiu que a relação entre as "dotações" não transformadas e as partes coerentes da personalidade é o que produz o conflito
que gera a neurose. Ele infere também que existem "dotações" no
inconsciente que não surgem através da repressão; em outras palavras, não surgem através de qualquer ato nosso. Isso significa que
existem elementos na personalidade que precisam da nossa criação. Eles estão lá não porque foram reprimidos, mas porque nós
ainda não os criamos. Na verdade, ele mudou seu foco de forma
que o conflito na personalidade não mais fosse entre consciente e
inconsciente, mas sim entre uma parte coerente da personalidade
e partes incoerentes: "Quando nos vemos assim confrontados pela
necessidade de postular um terceiro *Ics.*, que não é reprimido, temos que admitir que a característica de ser inconsciente começa a
perder significação para nós" (Freud, 1923b, p. 18).

110 SIGNIFICADO COMO A EXPERIÊNCIA SUBJETIVA DA UNIDADE

As partes incoerentes são inconscientes, mas isso é consequência de sua incoerência. A incoerência, portanto, é de primordial importância. A estrutura dos elementos primários do inconsciente/consciente foi motivo de desentendimento no discurso psicanalítico. Foi sobre esse equívoco que o estudioso medieval e místico Meister Eckhart alertou quando disse: "Considerar como primário o que é secundário é a 'raiz de toda falácia'" (Kelley, 1977, p. 42).

Freud (1923b) deixa claro o que é primário na seguinte passagem:

Do ponto de vista da prática analítica, a consequência desta descoberta [de que existem elementos no inconsciente que não surgiram pela repressão] é que iremos parar em infindáveis obscuridades e dificuldades se nos ativermos a nossas formas habituais de expressão e tentarmos, por exemplo, derivar as neuroses de um conflito entre o consciente e o inconsciente. Teremos que substituir esta antítese por outra, extraída de nossa compreensão interna (insight) *das condições estruturais da mente – a antítese entre o ego coerente e o reprimido que é expelido dele* (split off)... *temos que admitir que a característica de ser inconsciente começa a perder significação para nós* (p. 18)

Na sequência desta última observação, ele diz que devemos tomar cuidado ao ignorar a diferença entre algo que é consciente em oposição ao que é inconsciente, porque ele afirma que é, "em última análise, o nosso único farol na treva da psicologia profunda".

Um farol aponta para algo diferente de si mesmo. É esse outro algo que se tornou, para Freud, nesse ponto em seu pensamento, o núcleo da questão, enquanto o consciente ou inconsciente eram manifestações, ou sintomas, se quiserem, de uma questão mais central. É interessante perceber o processo do pensamento de Freud. Aqui o grande defensor do inconsciente diz: "Temos que admitir que a característica de ser inconsciente começa a perder significação para nós" (1923b, pp. 17-18). Mas, então, ele não ousa avançar para o que essa surpreendente declaração implica, e recua para aquilo que lhe é familiar. Ele está, naturalmente, correto quando afirma que a diferença entre algo de que temos ciência e algo de que não temos é imensa, como salientei no último capítulo. Mas o que ele aponta aqui é que consciência e o que é inconsciente são os fenômenos dos quais o *noumenon* é coerência, em oposição àquilo que é incoerente. Ele afirma que o que é separado do ego está reprimido ou clivado, sugerindo que isso foi excluído do ego. No texto com aquele título ("O Ego e o Id"), ele define, ainda, repressão como a remoção da atenção de um elemento na personalidade. Existe ali alguma coisa da qual a atenção está ausente. É provável que ele não diga exatamente que há elementos na personalidade que estão separados do ego coeso sem terem sido clivados, porque essa era a opinião de Jung, e foi um dos pontos teóricos que fez com que os dois se separassem. Foi difícil para Freud reconhecer que aceitou a posição de Jung sobre esse importante ponto.

O que Freud afirma aqui é que o conflito está entre o que é coerente e o que é incoerente. A coerência vem de um princípio interno de criatividade, autoridade interna, generosidade, amor, perdão e gratidão. É esse princípio interno que molda a coerência. O significado decorre dessa coerência; de que os elementos estão ligados através desse princípio interno. O que é incoerente não

112 SIGNIFICADO COMO A EXPERIÊNCIA SUBJETIVA DA UNIDADE

tem sentido. Quando um paciente diz algo que faz sentido para ele, tornou-se significativo; une-se algo nele. Uma destruição total ou desintegração não tem sentido. A destrutividade requer sempre um princípio interno de coerência para torná-la significativa.

O próprio Freud nunca formulou a proposição de que há um poderoso desejo interno de unificar os elementos díspares na personalidade. Está implícito no que foi dito anteriormente, mas ele não desenvolveu a lógica por trás disso. Penso que é porque ele evita qualquer princípio metafísico. Ele se opunha à religião ou ao que chamou de *Weltanschaungen*. A qual princípio pertence o desejo pela unidade?

Esse desejo pela unidade pode ser alcançado de duas formas diferentes: pelo *princípio totalmente inclusivo* ou pela adoção de uma membrana externa que detenha o conteúdo, sem qualquer princípio informante. Neste último modo, não há relação interna entre os elementos, mas o que une os elementos díspares é similar a um encerado usado para cobrir uma série de objetos: batatas, um motor e alguns livros. O encerado psíquico pode ser, por exemplo, a teoria Kleiniana, a teoria Winnicottiana ou a psicologia do *self*. Assim, no primeiro modo, fantasia, posição esquizoparanoide e o instinto de morte estão sob o encerado de Klein; no último, os objetos transicionais, a mãe suficientemente boa, o verdadeiro e falso *self* e a psicose enquanto deficiência do meio ambiente estão sob a lona de Winnicott; e sob a psicologia do *self*: sintonia, espelhamento e *self*-objetos. O que os une, em cada caso, não é um princípio interno, mas sim o fato de que foram formulados por um indivíduo em particular. Aquele indivíduo pode ter tido um princípio interno que os unia para ele, mas isso não é bem assim para os discípulos. Para que seja assim, seria necessário um ato interno de compreensão que apreenda o *princípio totalmente inclusivo*, mas uma vez que tenha sido alcançado pessoalmente, então a pessoa que o gerou já é sua própria pessoa, não estando mais a serviço do mestre. Então, o desejo de unidade pode ser satisfeito em qualquer desses dois modos, mas somente o método a que se chega através de uma compreensão interna pessoal de um princípio mental é que ilumina toda a variedade sem qualquer aniquilamento. Paul Tillich expressou isso com clareza:

verdades inicialmente profundas e poderosas, descobertas pelos maiores gênios através de profundo sofrimento e trabalho incrível, tornam-se rasas e superficiais quando usadas em discussões cotidianas. Como essa tragédia pode ocorrer e ocorre? Pode, e inevitavelmente ocorre, porque não pode haver profundidade sem o caminho para a profundidade. Verdade sem o caminho para a verdade está morta; se ainda for usada, contribuirá apenas para as coisas superficiais. Veja o aluno que sabe o conteúdo dos cem livros mais importantes da história mundial, e cuja vida espiritual permanece tão superficial como sempre foi, ou talvez se torne ainda mais superficial. Depois veja um trabalhador inculto que execute trabalhos mecânicos no dia a dia, mas que de repente se pergunta: "Por que faço este trabalho? O que ele significa para minha vida? Qual é o sentido da minha vida?" Por fazer essas perguntas, esse homem está a caminho da profundidade, enquanto o outro homem, o estudante de história, vive na superfície entre corpos petrificados, trazidos à tona das profundezas por algum terremoto espiritual do passado. O homem simples pode compreender a verdade, mesmo que não consiga responder às suas perguntas; o estudioso erudito pode não

114 SIGNIFICADO COMO A EXPERIÊNCIA SUBJETIVA DA UNIDADE

possuir qualquer verdade, mesmo conhecendo todas as verdades do passado. (1964b, pp. 61-62)

As palavras cruciais aqui são *não pode haver profundidade sem o caminho para a profundidade.* É a diferença entre um ato de compreensão que apreende o princípio unificador interno e a ingestão superficial de uma série de ditos. Michael Polanyi enfatizou esse mesmo ponto:

> *o viajante equipado com um mapa detalhado de uma região que planeja atravessar goza de uma superioridade intelectual impressionante em relação ao explorador que chegou pela primeira vez na nova região; ainda assim, o hesitante progresso do explorador é uma conquista muito mais justa do que a jornada do viajante bem informado. Mesmo se admitirmos que um conhecimento exato do universo é nossa suprema posse mental, a conclusão ainda seria que o mais distinto ato de pensamento do homem consiste em produzir tal conhecimento...* (1959, p. 18)

Há um conhecimento inato da minha difusa condição interna; vergonha é o sentimento, o mais fundamental de todos os sentimentos, que registra os pedaços e fragmentos internos descoordenados da personalidade. Portanto, há um desejo de plenitude, de unidade do meu ser. Posso resolver isso gerando um *princípio totalmente inclusivo* ou empurrando meus fragmentos díspares sob um encerado pré-fabricado. Chamarei o primeiro modo de alcançar meu desejo de *desejo pessoal*, e o segundo de *impulso individualista*.

Há duas correntes em nossas vidas. Uma é a nossa herança animal, cujo objetivo final é a sobrevivência. Mas sobrevivência a quê? Minha sobrevivência? Minha própria sobrevivência individual é serva a um propósito que vai além da minha própria individualidade. Refere-se à continuidade da espécie da qual o indivíduo é uma parte componente. Como em uma corrida de revezamento, o trabalho do indivíduo é passar o bastão... para outro, que irá passá-lo para outro, e assim por diante. O objetivo não é apenas a continuidade da espécie. Como Darwin nos ensinou, há desenvolvimento dentro da espécie. Uma espécie que existe hoje não é a mesma de cinco milhões de anos atrás. Pareceria, então, que o objetivo não é apenas a continuidade, mas sim que segue para algum lugar, em direção a algo que no momento não está claro. Darwin ensina que cada espécie está evoluindo. A palavra *hominização* refere-se a essa transformação, ao longo de um período de dois milhões de anos, pela qual os macacos tornaram-se homens. Então essa é uma corrente: a passagem em evolução da vida, e a tarefa de cada um é passar adiante. O indivíduo faz isso através da procriação e adaptação ao ambiente. Mas existe também outra corrente em que somos chamados para sermos gênios. O fato de que somente poucos membros da raça humana recebem a alcunha de gênios não significa que não seja o objetivo de todo ser humano. Precisamos examinar cuidadosamente o que se entende por gênio.

Citarei primeiro Solovyov:

O homem como um ser moral não quer obedecer essa lei natural de substituição das gerações, a lei da morte eterna. Ele não quer ser o que substitui e é substituído. Está consciente – vagamente no início – tanto do desejo

116 SIGNIFICADO COMO A EXPERIÊNCIA SUBJETIVA DA UNIDADE

*quanto do poder de incluir em si mesmo toda a plenitude
da vida infinita. (1918, p. 138)*

Podemos nos referir a um gênio científico, um gênio literário, artístico ou musical e um gênio religioso. Às vezes isso é designado como centelha divina interna. O que se entende por isso? Em qualquer desses campos, o sentido de ser um gênio é ser um criador. Cada gênio, em qualquer desses campos, é um criador, mas de que? Quando Isaac Newton gerou a teoria da gravidade, ele criara dentro de si mesmo, naquele momento, um princípio que unia diferentes fenômenos, como uma maçã caindo de uma árvore, os planetas circulando o sol e a força que mantém todos nós no chão. Também no domínio artístico ou religioso, genialidade possui esse mesmo princípio unificador.

Citei Tillich, mas quero adotar sua linguagem, por um momento, para apresentar uma perspectiva diferente. Ele afirma que o mundo é uma massa de fragmentos em que sou um de tais fragmentos. Posso ver o mundo pela lente de um fragmento, ou ver a unidade do mundo do qual sou um fragmento. Genialidade é poder ver a unidade do mundo. É um objetivo que traz significado.

7. Determinação histórica dos problemas

A psicanálise é um sistema de pensamento inserido em um nicho histórico específico. Isso significaria que, agora que essa parte da história acabou, a psicanálise também acaba? Penso que a resposta a essa questão se encontra ao longo das linhas que seguem. Freud era um gênio, e como todos os gênios, estava imerso no problema emocional de seu tempo, e também na forma de pensamento de seu tempo, e ainda assim, transcendeu a ambos. Um gênio sempre transcende seu período de tempo contemporâneo.

Os sucessores de um gênio precisam isolar o aspecto transcendente, desconectá-lo do seu período histórico e então inseri-lo nos costumes sociais de nosso período contemporâneo. É necessário buscar a essência do processo e, assim, explorar cuidadosamente para ver o que a psicanálise realmente é. O filósofo Alfred North Whitehead disse: "É uma generalização histórica bem fundamentada que a última coisa a ser descoberta em qualquer ciência é o que aquela ciência realmente é" (1958, p. 167).

118 DETERMINAÇÃO HISTÓRICA DOS PROBLEMAS

Falando de forma simples, o problema que Freud encontrou em seus pacientes foi a repressão de seus desejos sexuais. Era um problema que seus pacientes tinham, mas essa questão também caracterizava aquela época em particular na Europa Ocidental e no novo mundo. Sexo era algo sujo; os homens eram superiores às mulheres; a homossexualidade era uma perversão e, na maioria das sociedades, um ato criminoso. Então os desejos sexuais precisavam ser reprimidos, e Freud percebeu que um desejo sexual reprimido encontrava expressão em um aspecto de comportamento que era neurótico. A neurose era resultado de um impulso sexual reprimido, forçado a encontrar expressão de um modo diferente. Essa foi sua teoria inicial, mas, como vimos no capítulo anterior, ele mudou essa posição para outra, em que a causa da neurose tornou-se aquelas partes incoerentes da personalidade que, por serem incoerentes, não eram conscientes. Parte do problema, no entanto, é que a teoria inicial é a que tem maior aceitação na mente popular, mas aspectos dela também predominam entre psicanalistas e em institutos de psicanálise. Neste capítulo, tentarei encontrar o aspecto essencial da teoria de Freud; porém, como cada teoria está incrustada em seus aspectos históricos, alguns dos quais são atuais ainda hoje, sei que o resultado será, ou deverá ser, imperfeito.

Na última teoria de Freud, ele vê a doença mental como manifestação de partes da personalidade que estão dissociadas do núcleo, e, portanto, são incoerentes. Nossa visão é que o consciente é a manifestação daquilo que é coerente na personalidade, e o inconsciente revela a presença de partes que são incoerentes. A coerência acontece através de um *princípio totalmente inclusivo* que as une. Para a coerência expandir seu império, por assim dizer, e incluir aqueles elementos de fora do seu perímetro de influência, um novo princípio precisa ser descoberto; um princípio mais profundo, mais abstrato, que seja capaz de incluir em sua estrutura não apenas aqueles elementos que, no momento, são coerentes, mas também as partes da personalidade que estão dissociadas da coerência do núcleo. Isso significa a destruição daquilo que é coerente, porque o princípio renovado irá reordenar não apenas os elementos que são incoerentes, mas também aqueles que são coerentes. Será necessário um novo padrão para incorporar o velho e o novo.

Quando nos retiramos desse momento cultural específico em que Freud se encontrava, descobrimos que a sexualidade não estava reprimida. Quando Luís XIII da França era um bebê de um ano e chegavam visitas, homem ou mulher, levantavam suas roupas para ver seu pênis. Algumas vezes faziam cócegas com uma pena ou diziam alguma piada. Não havia inibição para falar sobre sexo com as crianças ou tocar seus genitais (Aries, 1962, pp. 98-100). Luís XIII nasceu em 1601. Então, no início do século XVII sexo fazia parte da conversa cotidiana, inclusive nos círculos mais aristocráticos. Isso mudaria cinquenta anos depois. Não sei exatamente porque mudou, mas penso que deve ter sido pelo Calvinismo e a revolução puritana do século XVI, que começava a permear a vida nas cortes da França, Londres e São Petersburgo. Calvino morreu em 1564 – trinta e sete anos antes do nascimento de Luís XIII. Mas parece que a severidade da aversão ao sexo de Calvino demorou para contaminar a aristocracia da França através da disseminação da influência huguenote. Os huguenotes eram uma minoria muito influente na França. O Sínodo de Paris, em 1559, consolidou as doutrinas de Calvino entre os protestantes na França. Para começar, a atitude antissexo permaneceu no domínio dos protestantes, mas depois, pela expansão do Jansenismo, penetrou profundamente na Igreja Católica, mais particularmente na França. O Calvinismo se espalhou através de John Knox pela Escócia e, ao mesmo tempo, pela Alemanha e Áustria, portanto chegando a Freud. Esse puritanismo nunca penetrou no judaísmo, e Freud deve ter se beneficiado

120 DETERMINAÇÃO HISTÓRICA DOS PROBLEMAS

dessa barreira protetora. Entendo também que essa atitude puritana floresceu mais profusamente em círculos aristocráticos, e que nunca penetrou tão profundamente na classe dos camponeses. É significativo que a psicanálise tenha encontrado sua origem na classe média da sociedade urbana. Embora, na França, Luís XIV tenha tentado reverter essa tendência, ela permaneceu vigente na Europa Ocidental, e estava solidamente estabelecida no momento em que Freud investigava a neurose, na última década do século XIX. Na Inglaterra Vitoriana o puritanismo coloriu a época, ao passo que na Índia e China a perspectiva sexual da vida era admirada e exibida, como pode ser visto nas esculturas de Khajuraho ou na leitura do Kama Sutra. A repressão da sexualidade como causa da neurose é uma proposta viável apenas em um período histórico limitado e em um nicho de nosso mundo cultural. Parece que o fator que causa a doença mental não é a repressão do sexo, mas sim a repressão de qualquer aspecto significativo da vida humana. Na época de Freud, era o sexo que era reprimido. Hoje, reprimimos o ódio racial, a aversão pela homossexualidade e as atitudes patriarcais. Em um nível mais profundo, acredito que o que é reprimido é o pessoal. Então Freud estava certo em sua crença de que a repressão de uma parte da personalidade causa doença mental, mas estava errado na crença de que teria que ser necessariamente sexual. Jung diz que Freud era cego em sua insistência em que a repressão do sexo era a causa da neurose:

> *Lembro-me vividamente do que Freud me disse, "Meu querido Jung, prometa-me nunca abandonar a teoria sexual. Essa é a coisa mais essencial de todas. Veja, precisamos fazer disso um dogma, um baluarte inabalável".*
> *(1977, p. 173)*

Freud focou no sexo porque a repressão do desejo sexual era o costume em seu tempo, embora Sulloway tenha salientado que a consciência sobre a sexualidade infantil nos últimos anos do século XIX era muito maior do que normalmente reconhecem os que defendem Freud.

A grande contribuição de Freud foi reconhecer que a repressão de algo na personalidade é a causa da doença mental. Observou corretamente que o sexo era reprimido no mundo social em que vivia. Ele fala claramente sobre como o sexo era reprimido:

O consolo que tive em face da reação negativa provocada, mesmo no meu círculo de amigos mais íntimos, pelo meu ponto de vista de uma etiologia sexual nas neuroses – pois formou-se rapidamente um vácuo em torno de mim –, foi o pensamento de que estava assumindo a luta por uma ideia nova e original. Mas, um belo dia, vieram-me à mente certas lembranças que perturbaram esta ideia agradável, mas que, por outro lado, me proporcionaram uma percepção (insight) valiosa dos processos da atividade criativa humana e da natureza dos conhecimentos humanos. A ideia pela qual eu estava me tornando responsável de modo algum se originou em mim. Fora-me comunicada por três pessoas cujos pontos de vista tinham merecido meu mais profundo respeito – o próprio Breuer, Charcot e Chrobak, o ginecologista da Universidade, talvez o mais eminente de todos os nossos médicos de Viena. Esses três homens me tinham transmitido um conhecimento que, rigorosamente falando, eles próprios não possuíam. Dois deles, mais tarde, negaram tê-lo feito quando lhes lembrei o fato; o terceiro

122 DETERMINAÇÃO HISTÓRICA DOS PROBLEMAS

(o grande Charcot) provavelmente teria feito o mesmo se me tivesse sido dado vê-lo novamente. Mas essas três opiniões idênticas, que ouvira sem compreender, tinham ficado adormecidas em minha mente durante anos, até que um dia despertaram sob a forma de uma descoberta aparentemente original.

Um dia, quando eu era ainda um jovem médico residente, passeava com Breuer pela cidade, quando se aproximou de nós um homem que evidentemente desejava falar-lhe com urgência. Deixei-me ficar para trás. Logo que Breuer ficou livre, contou-me com seu jeito amistoso e instrutivo que aquele homem era marido de uma paciente sua e que lhe trouxera algumas notícias a respeito dela. A esposa, acrescentou, comportava-se de maneira tão peculiar em sociedade que lhe fora levada para tratamento como um caso de doença nervosa. Concluiu ele: "Estas coisas são sempre secrets d'alcôve!*" Perguntei-lhe assombrado o que queria dizer e respondeu explicando-me o termo* alcove *(leito conjugal), pois não se deu conta de quão extraordinário o assunto de sua declaração me parecia.*

Alguns anos depois, numa recepção na casa de Charcot, aconteceu-me estar de pé perto do grande mestre no momento em que ele parecia estar contando a Brouardel uma história muito interessante sobre algo que ocorrera durante o trabalho do dia. Mal ouvi o início, mas pouco a pouco minha atenção foi se prendendo ao que ele dizia: um jovem casal de um distante país do Oriente – a mulher, um caso de doença grave, o homem impotente ou excessivamente desajeitado. "Tâchez donc"*, ouvi*

Charcot repetindo, "je vous assure, vous y arriverez".

Brouardel, que falava mais baixo, deve ter externado o seu espanto de que sintomas como os da esposa pudessem ter sido produzidos por tais circunstâncias, pois Charcot de súbito irrompeu com grande animação: "Mais, dans des cas pareils, c'est toujours la chose génitale, toujours... toujours... toujours", e cruzou os braços sobre o estômago, abraçando-se a si mesmo e pulando para cima e para baixo na ponta dos pés várias vezes com a animação que lhe era característica. Sei que por um momento fiquei quase paralisado de assombro e disse para mim mesmo: "mas se ele sabe disso, por que não diz nunca?". Mas a impressão foi logo esquecida; a anatomia do cérebro e a indução experimental de paralisias histéricas absorviam todo o meu interesse.

Um ano mais depois, iniciara minha carreira médica em Viena como professor adjunto de doenças nervosas, e em relação a tudo o que dizia respeito à etiologia das neuroses ainda era tão ignorante e inocente quanto se poderia esperar de um aluno promissor recém-saído de uma universidade. Certo dia recebi um recado simpático de Chrobak, pedindo-me que visse uma cliente sua a quem não podia dedicar o tempo necessário, por causa de sua recente nomeação para o cargo de professor universitário. Cheguei à casa da cliente antes dele e verifiquei que ela sofria de acessos de ansiedade sem sentido, e só conseguia se acalmar com informações precisas de onde se encontrava o seu médico a cada momento do dia. Quando Chrobak chegou, levou-me a um canto e me disse que a ansiedade da paciente era devida ao fato

124 DETERMINAÇÃO HISTÓRICA DOS PROBLEMAS

de que, embora estivesse casada há dezoito anos, ainda era virgo intacta. O marido era absolutamente impotente. Nesses casos, disse ele, o médico nada podia fazer a não ser resguardar essa infelicidade doméstica com sua própria reputação, e resignar-se quando as pessoas dessem de ombros e dissessem dele: "Não vale nada se não pode curá-la depois de tantos anos". A única receita para essa doença, acrescentou, nos é bastante familiar, mas não podemos prescreve-la. É a seguinte: "R. Penis normalis dosim repetatur!" *Jamais ouvira tal receita, e tive vontade de fazer ver ao meu protetor que eu reprovava o seu cinismo.*

Não revelei a paternidade ilustre desta ideia escandalosa com a ideia de atribuir a outros a responsabilidade dela.

Dou-me conta muito bem de que uma coisa é enunciar uma ideia uma ou duas vezes sob a forma de um aperçu passageiro, e outra bem diferente é levá-la a sério, tomá--la ao pé da letra e persistir nela, apesar dos detalhes contraditórios, até conquistar-lhe um lugar entre as verdades aceitas. É a diferença entre um flerte fortuito e um casamento legal com todos os seus deveres e dificuldades. (Freud, 1914d, pp. 12-15)

Então, Freud vira claramente como o sexual era conhecido privadamente, mas não era reconhecido pública e cientificamente. O erro de Freud foi acreditar que essa seria uma causa permanente de neurose. Um erro desse tipo seria esperado de um pensador menor, mas com sua erudição e conhecimento histórico é surpreendente que ele não tenha revisto sua opinião. Isso, no entanto, é apenas evidência da minha tendência a colocar grandes pensadores em um pedestal bem acima do nosso nível. Grandes pensadores têm pontos cegos. Eles podem ter grande *insight* em um campo e ser cegos em outro. É especialmente importante vermos os pontos cegos em grandes pensadores porque, admirando sua genialidade, é fácil menosprezá-los. É mais importante ver e publicar os pontos cegos dos grandes pensadores, porque o erro pode ficar oculto por trás da fama do grande pensador. Penso que Jung percebeu corretamente que Freud estava excessivamente focado no sexual, em exclusão a outros fatores. Ele não pôde deixar o conhecimento histórico abrir sua mente para outros campos da experiência que haviam sido reprimidos em outros tempos. Se ele tivesse sido capaz de fazê-lo, teria colocado toda capacidade da sua mente e autoridade na repressão como agente causador da neurose. O sexual estava reprimido somente em um período limitado da história europeia; mas a repressão de *algo* na personalidade esteve e está presente em todas as culturas. Se a repressão desse *algo* é a causa da doença mental, então Freud produziu um *insight* revolucionário, e acredito que ele o fez. O fato de que seu foco se limitou à esfera da sexualidade é um desastre social. Então, a doença mental ocorre quando algo elementar para a composição humana é reprimido.

Certos fatores na personalidade são essenciais para o funcionamento humano. Omitirei os fisiológicos, como audição, visão e tato, não porque não sejam cruciais, mas porque são muito conhecidos, e, ao contrário, estão a serviço dos fatores psicológicos essenciais. Coloco em primeiro lugar a percepção. As sensações – visual, auditiva e tátil – bombardeiam o organismo; a capacidade de recebê-las, selecioná-las e organizá-las chama-se percepção. Há duas maneiras como a percepção pode estar funcionando mal. Qualquer um desses subfatores pode estar não desenvolvido, ou esses três subfatores podem não estar em relação um com o outro de forma correta. Assim como a ligação de um indivíduo com

126 DETERMINAÇÃO HISTÓRICA DOS PROBLEMAS

outro pode ser do tipo simbólico ou aderente, também a relação entre as partes de dentro do *self* pode ser de qualquer desses dois modos. Ora, a percepção pode estar subdesenvolvida. No discurso psicanalítico, o termo *infantil* é usado com frequência. *Transferência infantil* é um termo usado para expressar que a personalidade toda está em estado de dependência do outro. Mas isso precisa ser entendido da seguinte forma. Uma parte da personalidade está subdesenvolvida. Pelo amor ao debate, digamos que é a capacidade de organizar as sensações recebidas de maneira ordenada. Quando essa capacidade é desconhecida, toda a personalidade é afetada. Ao invés de reconhecer que essa capacidade de ordenar as sensações recebidas está subdesenvolvida, é preferível criticar severamente todo o sistema. Isso camufla a função específica, que ainda está em estado infantil. A vergonha esconde esse bebê; aqui não há estrela de Belém.

Percepção, junto com cognição e motivação, é um dos temas básicos em qualquer curso de psicologia. Relaciona-se ao registro, no organismo, do mundo material que nos rodeia. Registra fenômenos, mas não o *noumenon*. Há, no entanto, uma faculdade que registra o *noumenon*. É o que os filósofos escolásticos chamam intelecto; intelecto, não inteligência. É o intelecto que capta o ser, é a faculdade do real. Este também pode não estar desenvolvido, seja por fatores genéticos ou por falta de prática. O intelecto não apenas capta o próprio ser, mas também os princípios que unificam os diversos modos de funcionamento no mundo dos sentidos. Então, por exemplo, volume, peso e densidade são princípios unificadores. Cada uma dessas entidades está no mundo fenomênico, mas nenhuma delas é apreendida pela percepção, e sim pelo intelecto. Assim, o intelecto pode também estar bem desenvolvido ou em um estado não desenvolvido.

Esta maneira como qualquer um de nós pode excluir uma determinada faculdade não se restringe ao indivíduo. Épocas históricas, assim como disciplinas específicas de uma determinada fase da história, excluem de sua visão certas porções do funcionamento humano. Ninguém deu melhor expressão a isso do que Paul Tillich:

> *Nossa era tornou-se o que é através de inúmeras decisões e, portanto, inúmeras exclusões. Algumas das possibilidades excluídas morreram, privando-nos de seu poder criativo... No início de nossa era optamos pela liberdade. Foi uma decisão certa; criou algo novo e grande na história. Mas naquela decisão excluímos a segurança, social e espiritual, sem a qual o homem não pode viver e crescer. E agora, na velhice de nossa era, a busca por sacrificar a liberdade pela segurança divide cada nação e o mundo todo com um poder realmente demoníaco. (1964b, pp. 179-180)*

Em nossa época, dentro da disciplina da psicanálise, a liberdade de escolha interna tem sido deixada de lado em favor de dois aparentes opostos: determinismo e intencionalidade. Nós humanos somos joguetes de forças instintivas e estímulos externos, e somos privados de qualquer liberdade de escolha interna: assim diz a filosofia determinista; é minha culpa a morte deste bebê, é minha culpa que meu filho tenha se tornado alcoólatra, é minha culpa que o Sr. Silva seja diretor da empresa em que trabalho, porque encorajei suas ambições quando ainda era iniciante. Essa é a filosofia intencional. Ora, essas duas estão unidas em um abraço inseparável, mas como é isso? Como pode ser assim se superficialmente aparentam estar em contradição direta uma com a outra? A pista

128 DETERMINAÇÃO HISTÓRICA DOS PROBLEMAS

está na palavra *superficialmente*. Em cada caso, coloca-se um peso muito grande, primeiro, nos elementos impessoais da personalidade e, segundo, nos elementos pessoais. Há um fator mais profundo sendo excluído: *aceitação*. Aceitação daquilo que é. Intencionalidade pode ser definida como um foco sobre o outro. O que faço ao outro se torna o foco de atenção. A questão, no entanto, é que isso é definido pelo indivíduo que foi ofendido pelo outro. A dor que sofro é atribuída à má intenção por parte do outro. É uma moralidade baseada no que sofro, não no que faço. Esse é o caso da má intenção, mas e a boa intenção? Também é pervertida naquilo que me agrada, me dá prazer, me faz feliz. A intencionalidade, portanto, está enraizada na filosofia hedonista.

> *Há um poderoso movimento do pensamento crítico, que tem operado para eliminar qualquer esforço por entendimento que carregue em si implicações metafísicas de uma busca por realidade por trás de um anteparo de aparências... Nosso reconhecimento da compreensão como forma válida de saber percorrerá um longo caminho visando libertar nossas mentes do despotismo violento e ineficiente. (Polanyi, 1959, pp. 20-21)*

Há profunda bondade na aceitação; há crueldade na escolha que exclui a essência do indivíduo. A aceitação honra a complexidade de fatores. O determinismo está intimamente ligado ao princípio hedonista, e isso significa que o determinismo endossa uma intencionalidade que se preocupa com aquilo que me dá prazer ou dor. Isso exclui a essência do indivíduo, e sempre que algo é excluído dessa forma, acaba voltando e nos atormentando com poder demoníaco. A aceitação de ambos é o que dota a condição humana com uma bondade favorecida.

Esses princípios gêmeos – determinismo e intencionalidade – como sistema excluem o corajoso, o formativo, o nobre. Veja, por exemplo, o ponto de vista de Macneile Dixon:

> *Para nossa raça despropositada, obstáculos são o sopro da vida. Afasta-se preguiçosamente e sem ânimo do que é fácil e óbvio, e deleita-se em seus objetos e suas dores. Se você quiser fazer seres humanos felizes, dê a eles uma incumbência e uma causa, e quanto mais difíceis, melhor. Eles vão aos seus limites somente quando desafiados. Surpreenda a alma em admiração, peça o impossível, para juntar-se à última esperança, e se dotará de força angelical. Não peça nada disso e a alma recua. (1958, p. 228)*

Esta é uma visão oposta àquela que diz que os seres humanos buscam ardentemente evitar a dor e ter prazer. Não estamos determinados por algo, e sim indo em direção a algo. Isso é elementar à vida. É o que distingue uma coisa viva de um pedaço de matéria inanimada. O ser vivente segue em frente. Tem um fim além de si mesmo. Bergson definiu a vida como a *tendência para atuar na matéria*, o que enfatiza o objeto em direção ao qual a vida tende, e Streeter sustentou que a vida encarna sua própria causa, o que salienta a origem dos seres vivos.

> *No estudo dos organismos vivos, tudo o que podemos observar é comportamento, ou seja, uma série de movimentos e reações que ocorrem após o impacto ou aposição de outros organismos ou forças, a que damos o nome de "estímulo". É isso o que observamos; o que deduzimos,*

130 DETERMINAÇÃO HISTÓRICA DOS PROBLEMAS

> *então? Deduzimos que esses movimentos e reações são acompanhados por e resultantes da presença, no organismo, da coisa que chamamos "vida". Além disso, dizemos ao mesmo tempo que certos tipos de movimento e reação são, e que alguns outros não são, um sinal da presença de vida. A palavra vida, então, difere de palavras como "oscilação" ou "repercussão", pois não é um nome que aplicamos a um determinado tipo de movimento ou reação; é uma causa pela qual achamos que somos capazes de nos responsabilizar. Mais do que isso, não é uma causa que supomos que exista, ainda que seja em si desconhecida; não é uma entidade hipotética que poderia simplesmente se chamar x; é algo cuja natureza é tomada como certamente sendo de conhecimento familiar. (Streeter, 1935, pp. 98-99)*

Precisamos tentar obter algum ponto de apoio quanto ao que queremos dizer com nobre. Deve ter algo a ver com agir em direção a algo que esteja além da nossa zona de conforto. Há um sentido quando se fala de alguém que age por uma causa nobre, que age por algo além de seus próprios interesses; que coloca suas próprias necessidades individuais em segundo lugar. Essa forma de falar sugere que outra coisa é colocada em primeiro lugar. Essa outra coisa não é a outra pessoa, excluindo todo o resto. Mesmo uma mãe que concentra toda sua energia no cuidado de sua criança doente está fazendo algo a mais do que fazer tudo pelo seu filho. Ela está contribuindo para algo que está além dela. Essa criança viverá mais do que ela. Uma das maiores tristezas é uma mãe ou pai ver seu próprio filho morrer. A próxima geração é algo além. A mãe pode dizer, "Há algo mais valioso do que minha própria existência individual". Há uma avaliação de que existe algo de valor que está além, que é superior, mais profundo do que aquilo que aparece na superfície. Minha própria necessidade de comida, satisfação sexual, bebida e abrigo são secundárias a algo mais essencial. Há o ser, a realidade das coisas que não podem ser vistas, ouvidas ou tocadas, mas que é conhecida através de um ato da mente, um ato do intelecto. Uso a palavra "intelecto" como foi usada por Thomas de Aquino e os escolásticos. Refere-se a uma faculdade diferente que apreende a própria existência. O único problema com essa palavra é que ela evoca um objeto que é estático. A imagem por trás da "existência" é estática; no entanto, se a existência for abstraída, não do mundo inanimado, mas da vida, então se tem uma noção de um embrião de energia criativa em desenvolvimento. A essência da vida é que ela cria além de seu próprio limite. O mamífero cria um novo ser. É definitivamente na própria vida que se precisa concentrar a atenção. Se o planeta está seguindo em direção à vida, então é através da própria vida que é preciso procurar por uma compreensão que seja fiel à essência do universo. Temos a tendência de menosprezar isso, porque na vastidão do universo, astrônomos descobriram apenas recentemente estrelas, além do sol, com seus próprios planetas, e até o momento ainda não encontraram vida. Se, então, abstrairmos da vida, e não da natureza inanimada, ou ainda se virmos mesmo a natureza inanimada indo em direção à vida, o que tem certa confirmação pela descoberta do DNA, então a substância do mundo, em sua própria essência, consiste em um *em direção*.

Freud estava também imerso em um sistema de pensamento que buscava encaixar os seres humanos em uma filosofia natural que era mecanicista. Estudou com Brücke em seu laboratório de fisiologia em Viena. Brücke, junto com Helmholtz, Ludwig e Du Bois-Reymond, assinou, em 1842, o pacto antivitalista, com as seguintes palavras:

132 DETERMINAÇÃO HISTÓRICA DOS PROBLEMAS

Não há outras forças ativas dentro do organismo além da física e química. Nos casos que não podem ser presentemente explicados por essas forças, deve-se encontrar o caminho específico ou forma de sua ação por meio do método físico-matemático, ou assumir novas forças que tenham o mesmo valor que as forças químico-físicas inerentes à matéria, redutíveis à força de atração e repulsão.
(Jones, 1972, p. 45)

Em 1845, esses quatro homens formaram um pequeno clube privado chamado Berliner Physikalische Gesellschaft. Freud defendeu esse modelo mecanicista com paixão. Seria esse mecanismo que levaria inerentemente à repressão da pessoa. A pessoa resulta de uma criação de vida. O determinismo, que é a crença de que todo movimento ocorre devido ao organismo ser empurrado externamente, afastou veementemente qualquer princípio causal que encontrasse sua origem totalmente dentro do organismo. Dessa forma, se Calvin era parcialmente responsável pela repressão ao sexo, Freud é parcialmente responsável pela repressão à pessoa. Freud enfatizou que a neurose resultava da repressão de impulsos sexuais. O que ele não viu de forma suficientemente clara, no entanto, foi que a repressão de qualquer elemento essencial à condição humana leva à doença mental. Cada época reprime algum aspecto crucial da condição humana, portanto a doença mental de uma época difere da de outra conforme aquilo que é reprimido. A repressão da pessoa leva a um tipo diferente de doença mental do que a repressão do sexo. Cada época é caracterizada pela sua própria forma de doença mental.

A doença mental que Freud encontrou foi a decorrente da repressão sexual, e ele a reconheceu corretamente e desenvolveu um método para desfazê-la. Mas a característica desta época não é a repressão do sexo, e sim a repressão da pessoa. Essa não é a maneira mais adequada de pensar sobre isso. Se fizermos um levantamento histórico de qualquer aspecto humano específico, descobriremos que a repressão sempre existiu, mas cresce quando os seres humanos se tornam intolerantes a ela. Então a pessoa sempre foi vítima dessas grandes tendências de imperativos históricos, mas isso alcançou tal proporção nesta época que os pacientes vêm ao terapeuta bradando contra essa imposição tirânica. "Somos pessoas", lamentam, "e queremos tomar posse de nossos direitos inatos."

Isso sugere que há um conhecimento daquilo que está reprimido, mas não é um conhecimento com formato definido. Não conseguimos ver sua silhueta. Sabemos o que não está lá. Precisamos refletir sobre o que se entende por repressão. Palavras podem ser reveladoras, mas também enganadoras. A palavra "repressão" evoca algo que está sendo empurrado para baixo, mas essa imagem está errada. Freud diz em certo momento que repressão é a remoção da atenção. Atenção, como reconhecimento, é um modo psíquico que traz à existência aquilo de que se ocupa. Atenção é uma ação fertilizadora. Remove-se a atenção e o ser em potencial não nasce.

Repetidamente no consultório do psicoterapeuta e do psicanalista o apelo vem do paciente, tentando descrever sua frustração, dizendo que seus pais o alimentaram, cuidaram de sua saúde, se preocuparam que seus dentes estivessem bem, garantiram boa escola, pagaram a faculdade, mas – e aqui está a reclamação central –, mas... não *me* conheciam. Quando, em determinada época, um fator crucial na composição humana é esmagado, então um grito começa a ser ouvido. Dessa forma, quando o desejo sexual está sendo suprimido severamente e com uma continuidade que faz parecer que nunca terminará dentro de determinada cultura, surge um grito, geralmente em um pequeno grupo reunido em

134 DETERMINAÇÃO HISTÓRICA DOS PROBLEMAS

torno de um indivíduo em particular. É como o grito de um grupo de apoiadores de um homem preso injustamente. Freud e seu círculo inicial de admiradores protestaram contra a cruel opressão da sexualidade. "Olhem", disseram, "para o sofrimento neurótico que essa repressão está causando", e começaram a conceber um método terapêutico para liberar suas vítimas daquele apuro. Podemos dizer que o apelo de Freud foi amplamente bem-sucedido. Na cultura ocidental, as pessoas dão muito mais expressão aos seus desejos sexuais do que antes de Freud. Ocorreu uma revolução dos costumes sexuais. A homossexualidade foi legalizada em quase todas as sociedades; já não se desaprova o sexo fora do casamento. O tabu que permanece é sexo com crianças ou relações incestuosas. Embora muito ainda precise ser conquistado a fim de se definir mais claramente o que é sexualidade saudável, o clamor de Freud conseguiu atingir seu objetivo, e alguns dos fenômenos neuróticos associados com essa repressão quase desapareceram: por exemplo, a histeria de conversão.

Esta ausência, no grito do indivíduo no consultório do psicoterapeuta, tem paralelo no grito vindo da sociedade como um todo.

Para Freud, o agente da repressão era o superego, que era a sede do instinto de morte. Hoje, o centro de repressão continua a ser o superego, mas ao invés de ser a sede do instinto de morte, é a morada representante da sociedade. A sociedade é comprimida dentro da personalidade como o superego.

O superego selvagem é um monstro interior, que é a forma como a mente representa uma ausência. Então o monstro me diz: "Veja, você é inútil, imprestável, não merece existir". É assim que o monstro se comporta, mas isso na realidade aponta para uma ausência interna, ou para uma função subdesenvolvida, e como a mente não consegue representar uma ausência, ela constrói um monstro.

E, portanto, na minha forma de ver, eu não exerceria minha profissão se não existissem pessoas com superegos poderosos. Os consultórios estão cheios de pessoas com superegos poderosos.

O objetivo da sociedade, através da influência do superego, é moldar a personalidade conforme o modelo social. Talcott Parsons expandiu o conceito de superego para incluir essa dimensão social:

> *o lugar do superego, como parte da estrutura da personalidade, deve ser entendido em termos da relação entre a personalidade e a cultura comum, em virtude da qual um sistema estável de interação social nos níveis humanos torna-se possível.* O insight *de Freud foi profundamente correto quando ele se concentrou no elemento dos padrões morais. Isso é, de fato, central e crucial, mas parece que a visão de Freud foi muito limitada.*
>
> *A inevitável conclusão é que não apenas os padrões morais, mas todos os componentes da cultura comum são internalizados como parte da estrutura da personalidade. (1970, p. 23)*

Como o que está internalizada é a cultura comum, ela tem um imenso poder na medida em que o indivíduo anseia ser libertado do isolamento. Existem duas formas de sair desse isolamento: o indivíduo se acomoda à norma social, e, portanto, adquire um sentimento de união com o grupo. Isso ajuda a diluir a dor do isolamento, mas não a resolve. A solução para o isolamento não pode ser conseguida através de uma acomodação desse tipo, porque ela baseia-se em uma vinculação que ocorre na superfície da personalidade. A liberação do isolamento só é possível por uma conexão com outro ou outros a partir do núcleo da personalidade, e não pela ligação superficial com outros.

136 DETERMINAÇÃO HISTÓRICA DOS PROBLEMAS

O centro criativo, o princípio criativo, está naturalmente *em relação*. Essa é a sua natureza. O que é exigido do indivíduo é que ele se libere da "ligação sensorial" e recue para seu núcleo interno, esse princípio criativo que está *em relação*. O isolamento é superado por estar ligado ao meu ser interior.

Esse princípio criativo que está *em relação* é o que define a pessoa. A pessoa está *em relação* com a outra, e também internamente conectada dentro do *self*. O interpessoal e o intrapsíquico são dois aspectos de uma coisa só.

É este centro criativo que é reprimido pela pressão social que surgiu com as crenças que dominam a sociedade presentemente.

8. Resistência a se tornar uma pessoa

Na medida em que sou uma pessoa, sinto vergonha, culpa, decepção, tristeza, arrependimento, inveja e ciúme. Torno-me também capaz de amar, ter gratidão, generosidade, consigo perdoar, ter magnanimidade, e sou capaz de sentir alegria, experimentar a beleza e a felicidade. Também experimento a tragédia.

Tornar-se uma pessoa coloca uma demanda sobre mim em duas direções diferentes:

Dor e turbulência

Passo a conhecer a tragédia, e isso é uma agonia. Certamente experimentarei turbulência, passarei por uma tortura interna. Enfatizo a palavra *sentir* porque essas realidades existem antes do indivíduo tornar-se uma pessoa, mas não são sentidas. Então, como elas existem no estado não transformado? Quando algo é sentido, é porque foi incluído na personalidade; foi amado; está unido, pelo

138 RESISTÊNCIA A SE TORNAR UMA PESSOA

princípio totalmente inclusivo, a outros elementos na personalidade. Dessa forma, no estado não transformado, é odiado, é descarregado da personalidade no corpo, no comportamento sexual, na conduta social, ou em uma ideologia.

O que significa quando dizemos que é "descarregado da personalidade"? Um fenômeno concomitante é que o *Eu* está morto. Está enrijecido, programado como um robô. Está no modo reativo. Então, um homem me perguntou, "Neville, me diga, sou feliz?". O que estamos dizendo é que o elemento não pode ser expulso da personalidade, mas a personalidade pode ficar amortecida ou impedida de ganhar vida. A mãe de um rapaz abusou de sua namorada, com a qual ele se casou em reação à atitude de sua mãe. Há um princípio emocional vivo, que dá vida aos elementos na personalidade. É como o coração que bombeia o sangue pelas artérias, e das artérias para as arteríolas e para cada parte do corpo. Atinge todas as áreas. Quando algo doloroso ocorre, resiste ao sangue que chega. A resistência pode ser tão grande que impede totalmente o bombeamento do coração.

A pergunta é: um elemento morto funciona na personalidade? E a resposta é, funciona da mesma maneira que funciona qualquer pedaço de matéria inanimada. Se move na personalidade pelo mesmo princípio que qualquer pedaço de matéria se movimenta. Uma rocha rola colina abaixo e colide com uma pedra que, por sua vez, começa a rolar colina abaixo. A teoria da motivação estímulo--resposta tem sua origem em um inovador que é um ser humano amorfo. A visão de estímulo-resposta da psicologia behaviorista precisa ser derrubada. E essa visão não está restrita à terapia cognitivo-comportamental. Essa é a crença de que o organismo humano é inteiramente moldado por estímulos que o bombardeiam.

Preciso explicar o que quero dizer por "ser humano amorfo". Eu poderia ter dito "indivíduo", porque difere de pessoa, mas quero deixar bem claro que uma pessoa é diferenciada de alguém que não é uma pessoa. Se "indivíduo" for compreendido como um "ser humano amorfo" e não como uma pessoa, então está bem. O que quero salientar é que os elementos odiados dentro de mim não podem ser descarregados dentro de uma pessoa. Uma pessoa é alguém que adotou os elementos pela intervenção de um princípio emocional interno, assim há uma unidade vinda de dentro; um corpo estranho sendo descarregado vindo do lado de fora não pode entrar, por causa da coerência interna. Você pode jogar uma pedra em uma estátua de borracha, e ela vai ricochetear; não conseguirá entrar. Nasci como uma massa de elementos díspares; torno-me uma pessoa no momento em que esses elementos se reúnem formando uma unidade, através de um princípio mental interno. Falei no Capítulo 2 sobre o *princípio totalmente inclusivo*. Esse é um princípio mental que inclui todos os elementos díspares e não exclui nenhum. Verdade, amor, confiança são esses princípios. Quando há coerência gerada por tal princípio mental, então não posso ser destruído pelo grupo.

Precisamos avaliar o motivo para o ódio. Há algo em mim que não é conhecido, que não é familiar. O ódio é consequência emocional do encontro com algo que é estranho. A necessidade de saber é meu "cheirinho".[1] Saber de algo é a consequência de estar em relação com esse algo. Relaciono-me através da participação. Há uma similaridade entre a coisa conhecida e eu. E a pergunta aqui é, que similaridade é essa? Qual é a similaridade entre uma estrela e eu, entre um crocodilo e eu, entre uma margarida e eu, entre Cesar e eu, entre Hitler e eu, entre Churchill e eu, entre Madre Teresa e eu?

Está claro que há maior similaridade entre Cesar e eu do que entre uma pedra e eu. Uma forma de elaborar uma hierarquia da

140 RESISTÊNCIA A SE TORNAR UMA PESSOA

similaridade é colocar o Ser Absoluto no topo da lista, e depois, na base, a maior porção do não ser. O não ser é um conceito difícil de entender. Só conseguimos chegar a ele através de uma análise do Ser, do qual o não ser é a negação. O Ser Absoluto simplesmente *é*. O ponto essencial é que essa similaridade, essa unidade, é a essência de todas as várias coisas, e, portanto, as respeita.

Essa similaridade é algo que posso capturar nas numerosas variações que existem dentro dos contornos da minha própria vida mental cotidiana. Gosto de pensar em mim como alguém estável, constante e sempre equilibrado, mas na verdade sou um ser vivo, e a variedade emocional que vivencio é tão vasta quanto a mudança da paisagem durante uma tempestade. A ideia de que o correto é sempre estar em equilíbrio encontra confirmação na teoria de *homeostase* de W. B. Cannon. A teoria da homeostase teve como precursor Fechner com a *teoria da constância*, que Freud adotou e usou como princípio governante do *modus operandi* dos instintos.

Ontem fui a uma loja e a jovem que me atendeu tinha um *piercing* prateado cravado em seu nariz. Não gostei daquilo, e quis me afastar de alguém com tal gosto em arte decorativa corpórea. Isso indica algo em mim que não entendo. Está lá, mas não entendo. É desconhecido; assusta-me. O que existe em mim de que me afasto? Será que eu não teria me afastado daquela forma se observasse que ela usava brincos? Quando a vi, lembrei que meu filho mais velho usou brinco por um curto período de tempo. Não gostei, mas enquanto estava na loja também pensei que foi bom ter sido capaz, embora com dificuldade, de tolerar o uso do brinco. Disse a mim mesmo, "É muito melhor que ele tenha tentado e descoberto por conta própria que não quer usá-lo, ou que isso não 'combina' com ele". Como ele pode saber realmente o que é certo para ele se não tentar? Se ele tivesse decidido que aquilo era certo para ele, acredito que eu teria aceitado. Então, nos noventa segundos enquanto eu aguardava no balcão para ser atendido pela moça com *piercing* no nariz, minha mente estava em turbulência: começou com ódio, seguiu para uma reflexão, que levou a uma memória que continha minha atitude emocional de quando meu filho decidiu usar brinco, continuou com meu julgamento de quando ele o tirou, até meu pensamento posterior de que ele ser quem é, e encontrá-lo através de sua própria descoberta, era o mais importante para mim. Assim, ao fim de noventa segundos, entrei em contato com um princípio mental que é central para mim. E a trajetória da minha mente nesses noventa segundos foi uma linha ascendente e descendente no gráfico, em altos picos e vales.

O chamado para o amor

Um chamado interno para o amor, gratidão, generosidade, perdão e magnanimidade – esse redirecionamento do meu *self* interno e afastamento do hábito e do que é familiar – provoca turbulência, como a fermentação que ocorre quando as moléculas de sódio e cloro se fundem em uma nova composição que chamamos de sal.

O amor abre a personalidade ao máximo, ao passo que o ódio foca em si, em um alvo que é mais estreito do que ele mesmo. O foco do ódio é sempre sobre um fragmento do todo, de tal forma que a totalidade do todo é anulada. Isso é exemplificado pela neurose obsessiva, quando a mente se ocupa de forma preocupante com um fragmento, o que tem como efeito anular a imensidão da própria realidade. Isso fecha o indivíduo para o horizonte mais amplo. Quanto mais intenso for o foco, mais da totalidade do real é lançada para fora. Isso é assim se o alvo do foco for um objeto ou fato sensorial. Mirar em tal objeto apaga do campo todos os outros objetos. Um objeto sensorial elimina outro – o foco em um exclui o outro. Como o vaso de Rubin: se você olha para o vaso, apaga

142 RESISTÊNCIA A SE TORNAR UMA PESSOA

as duas faces, e vice-versa. É por isso que o foco precisa sempre ser sobre um princípio mental que chamei de *princípio totalmente inclusivo*, que, diferentemente de um objeto sensorial, envolve em si toda a variedade. Posso *saber* que o vaso e as duas faces estão presentes, mas não vejo ambos pelos meus olhos dessa forma. O conhecimento aqui é de algo desprovido de componente sensorial, a que se chega através da visão. Mas o que é esse algo? Acredito que Platão tentou chegar a isso quando propôs as formas eternas. É um princípio mental. Posso saber *isso*. O amor, portanto, é a emoção cujo objetivo é um *princípio totalmente inclusivo*. Nesse caso, o vaso e as duas faces são conhecidos. Por outro lado, o ódio é a emoção cujo foco é um objeto sensorial. Esse ódio é, portanto, derivado do sensorial, ao passo que o amor é derivado de um princípio mental.

Este objeto sensorial pode estar tanto fora quanto dentro da personalidade. O foco é sobre algo que aconteceu com a personalidade, e isso é sensorial por natureza, e também é evitado porque é doloroso, ou valorizado porque é agradável; esse prazer ou desprazer é registrado pelos sentidos. Se for uma coisa externa, como uma xícara de café, é experimentado como prazeroso se estimular um centro de prazer no cérebro; se o café estiver muito quente e queimar a língua, então é registrado desprazer. É mais relevante, no entanto, um evento que aconteceu com alguém. Vamos dar um exemplo histórico. No início da Primeira Guerra Mundial, Churchill foi Ministro da Marinha. Nessa posição, ele arquitetou um plano para enviar uma frota pelo Estreito de Dardanelos, tomar Constantinopla, juntar-se ao exército russo e, com essa combinação de forças, vencer o exército alemão na Europa. No entanto, a empreitada falhou, porque o Almirante da frota desistiu quando três navios foram afundados no estreito, antes de atingir o mar de Mármara. Churchill foi o bode expiatório por essa falha. Eis então o evento. Ele poderia ter se deixado destruir. Mas, em uma carta para sua esposa, em dezembro de 1915, disse: "Quando a sorte reduz, o espírito deve se expandir para preencher o vazio" (Soames, 1999, p. 139).

Esse exemplo é melhor do que o da xícara de café que derrama e queima a língua. É um acontecimento doloroso dentro da história pessoal do indivíduo, mas a personalidade pode se concentrar nisso com ódio ou colocá-lo em um fundamento: adotar uma visão adiante para um futuro além. Este fundamento pode ser o próprio Ser, mas há representações do Ser que são maiores do que a ferida no *self*. Essas representações podem ser pensadas como as qualidades do Ser. São elas, bondade, liberdade e relacionamento pessoal. Todos os grandes nomes da história, como Shakespeare, Tolstói, Gandhi, Churchill ou Mandela, foram guiados por esses princípios fundamentais, em relação aos quais as atribuições familiares, tribais ou nacionais são secundárias. Essas características do Ser, que já são inerentes à personalidade, demandam que a personalidade se abra a elas.

Tal expansão da personalidade para essas essências do Ser é o que é chamado de amor. Esse amor expande a personalidade. A personalidade é afetada pelo objetivo com que se relaciona e no qual participa. Se compartilhar nos vastos horizontes do próprio Ser, ela se expande; se apegar-se às suas próprias feridas, encolhe. Essa maneira de considerar a personalidade condiz com o princípio de Bion segundo o qual o objetivo da psicanálise é o desenvolvimento da personalidade. O desprazer da redução de sua sorte não era o foco de Churchill, mas sim uma demanda fundamental, que seu espírito tinha que expandir para preencher o vazio.

Mas esse centro de prazer ou desprazer torna-se o foco de toda atenção. Essa é a consequência de uma ferida emocional, de forma que toda atenção está no que aconteceu comigo. O que o *Eu faz* para

144 RESISTÊNCIA A SE TORNAR UMA PESSOA

alcançar a realidade é totalmente excluído. Há uma necessidade, nesse processo de coletar dados, de focar nos fatos reunidos, e então levar a mente ao fundamento e trazê-la de volta para que haja uma alimentação constante de um pelo outro. Se apenas o fundamento é focalizado, então o elemento da experiência será forçado a um modo *a priori*. O elemento da experiência precisa ser *visto pelo* princípio mental que o representa, ao invés do que foi percebido ser forçado em um molde que não lhe serve. Há uma hierarquia de ideias do mais ao menos abstrato. O Ser em si não é uma ideia, e sim realidade. Assim, ideias representam os princípios mentais que ligam os dados da experiência. São intermediários entre os fatos como percebidos e o próprio Ser. Como a mente move-se dos dados sensoriais para o princípio mental, e de lá para o fundamento? Esse primeiro passo é extremamente misterioso. Acredito que existe uma afinidade de similaridade entre esses princípios mentais e a mente, de forma que quando a similaridade atinge uma proximidade, então a mente faz essa transição de uma para a outra, ou pelo menos pode fazê-lo – as realizações de um Arquimedes ou de um Newton o demonstram. Desconhecemos, porém, neste estágio de desenvolvimento dos nossos cérebros, como suas mentes fizeram essa transição do objeto ou objetos sensoriais para o princípio mental.[2] O passo dado de lá para o fundamento é alcançado de forma diferente. Estamos aqui conectados com a realidade, e não com uma ideia, e isso é conseguido através de um ato de compreensão pessoal. No entanto, como o Ser é a substância de tudo que existe, em todas as suas variedades, há uma apreensão das coisas na sua totalidade. Nesse sentido, mas somente nesse, há uma similaridade entre o fundamento e os princípios mentais. Ambos penetram realidades sem destruir sua natureza, porque são parte fundamental de sua natureza.

Quando se foca demasiadamente no objeto sensorial, então somente o momento presente com o *self* enquanto objeto ferido preenche toda a tela mental. A paranoia é meu registro do fato de que não sou livre.

Todos os outros objetos são excluídos, inclusive passado e futuro. Todos são totalmente eliminados. Isso pode ser observado quando o paciente está totalmente dominado pelo impacto do momento presente no consultório. O ontem e o amanhã não existem. Algumas vezes, reforçado por justificativas teóricas, o analista também está nesse modo. Esse foco intenso ocorre quando houve uma ferida no *self*. Pode ter ocorrido há trinta anos, mas manteve-se como um objeto sólido dentro da personalidade, revelando-se em doença física, ligação fanática a uma ideologia ou seu ícone, ódio a indivíduos e grupos.

O passado e o futuro precisam de algum elemento do *princípio totalmente inclusivo* para serem capazes de ser incluídos. Na medida em que está ausente, as diferenças são destruídas, resultando que as entidades separadas se tornam fundidas em uma massa amorfa. Isso porque tudo precisa estar unido no fragmento focado. Diferenças exigem uma capacidade de julgamento, que é uma faculdade que está fora da experiência sensorial imediata. Vemos isso claramente em uma obsessão, em que alguém está focado em um objeto do tipo sensorial que necessariamente exclui outros objetos. Isso se encaixa na visão de Freud de que a repressão consiste na remoção da atenção a um objeto – é removida de um lugar propenso a causar maior culpa, vergonha, arrependimento ou tristeza, e transferida para algo trivial. No entanto, o que a descrição de Freud não abrange é o princípio mental. Assim, quando ele fala da retirada de uma catexia de energia, está correto, no sentido de que o elemento em particular não é mais conhecido. No entanto, ele não diz para onde foi removida essa catexia de energia. Ele deve ver claramente que a catexia foi removida para outro objeto, mas está ausente de seu pensamento a ideia de que pode ter sido removida para um princípio mental que inclui o objeto original e o novo. O lugar que causa tal dor é sempre a totalidade. Bléandonu

146 RESISTÊNCIA A SE TORNAR UMA PESSOA

cita Bion dizendo, "Em última análise, ele define a parte psicótica da personalidade como uma tendência que visa a destruição de todas as funções da unificação" (1994, p. 136).

É ver a totalidade que abre o indivíduo para a tragédia e as loucuras da existência humana – a sua própria e a dos outros.

Evitar a dor é um instinto natural em todos animais, inclusive o animal humano. Mas o preço de se tornar uma pessoa é que as dores da vida, do passado, presente e futuro, precisam ser abarcadas. É o custo de se tornar uma pessoa. Abarcar a dor não é impulsionado por uma orgia masoquista, mas sim porque a dor faz parte da vida, e se o indivíduo pretende envolver-se com a vida, não é possível fazê-lo deixando a dor de lado. Se tento abarcar a vida excluindo a dor, então permaneço do lado de fora. Novamente, Wilfred Bion (1963) disse:

A dor não pode estar ausente da personalidade. Uma análise deve ser dolorosa, não porque exista necessariamente algum valor na dor, mas porque não se pode considerar que uma análise na qual não se observa e discute a dor, seja uma análise que lide com uma das razões centrais para a presença do paciente. (1989, p. 61)

Tornar-se uma pessoa abre a personalidade para a tortura da culpa. Existem dois movimentos que caracterizam a relação do ser humano com o mundo – centrípeto e centrífugo. Não é necessário ser uma pessoa para experimentar os estímulos centrípetos, mas como os estímulos centrífugos fluem a partir do agente no centro, é necessário ser uma pessoa para experimentá-los. É a pessoa que experimenta as ações que têm uma dimensão moral. É importante notar que a palavra "experimenta" não se refere apenas a sentimentos, mas também a conhecimento. Conhecimento por inferência também é parte da nossa experiência.

Existem atividades motoras que são moralmente neutras, e existem atividades emocionais que têm uma influência moral. O amor envolve os elementos na personalidade, os transformando em uma unidade recém-nascida. O ódio descarrega esses elementos para fora da personalidade. Eles podem ser descarregados no corpo, na atividade sexual, na fala, em uma *imago*, em um ser humano amorfo, em uma ideologia. Mas permanecem lá como partículas que capturam a personalidade. Capturam a personalidade porque o indivíduo torna-se submetido a eles; a personalidade é dominada por eles. Assim, por exemplo, quando é descarregado no campo sexual, a personalidade é forçada a agir de acordo com a demanda dessa parte. Isso ocorre porque todas as partes pertencem ao todo, e existe uma atração magnética entre o todo e a parte descarregada, ao passo que, quando uma parte é abarcada dentro do *princípio totalmente inclusivo*, há uma relação independente entre as partes, em vez de um magnetismo a que não se pode resistir.

Há duas formas como um humano pode conectar-se a outro. É preciso pensar no indivíduo constituído por dois componentes: Ser e não ser. Estar *em relação* é uma propriedade do Ser. Aquilo a que me referi anteriormente como "sensorial" é *não ser* (Tillich, 1964, p. 41ss). No *não ser* não existe relação, então existe apenas uma massa aglomerada. Em uma aglomeração, não existe relação intrínseca entre uma coisa e outra. O *não ser* não tem nenhuma propriedade relacional e, devido a isso, uma coisa fica presa à outra; elas não se relacionam uma com a outra. O que acabo de descrever sobre humanos serve também para os elementos dentro de qualquer indivíduo. Eles se conectam um ao outro pelo magnetismo ou estão em relação. Estar *em relação* é uma propriedade do Ser; o amor é a propriedade *em relação* do Ser. O ódio é *não relação*, é *não*

148 RESISTÊNCIA A SE TORNAR UMA PESSOA

ser, então a personalidade fica presa à parte que é odiada. Não está *em relação* com ela, e sim é escrava dela. Isso exclui a tragédia, que requer uma visão geral da condição humana. Somente podemos nos tornar uma pessoa se abarcarmos o trágico. Essencialmente, o trágico é a tentativa humana de contornar o inevitável, de eliminar o destino, de tentar evitar o que não pode ser evitado. Há diversas dimensões para o trágico que precisamos agora considerar.

A primeira tem relação com minhas próprias limitações. Eu nasci. Isso é algo que não escolhi. Nasci de determinado casal; nasci em determinado país; nasci em determinada classe social; nasci em determinado momento na história da raça humana, no planeta Terra. Esses são os fatos. Agora, como escrevi no Capítulo 3, esses podem ser objeto de uma criação, mas podemos criar apenas de fatos, desses fatos. Pode-se dizer que são fatos mortos. Com o ato criativo, tornam-se vivos. Quando esse ato criativo não ocorre, somos vítimas desses fatos de nosso destino, em vez deles serem objeto de possibilidade criativa. Se o indivíduo não produziu o ato criativo, ele entra em tragédia. As pessoas verão o indivíduo como uma figura trágica. Trágico é quando o indivíduo não está ciente desses elementos, esse lodo da terra do qual ele é formado. Tal indivíduo é levado, como uma folha seca ao vento, por esses fatos culturais dos quais é parte. Se eles são reconhecidos, é porque o poder criativo, enquanto propriedade do Ser, foi exercido sobre eles. A realização é o sinal de que o ato criativo ocorreu.

O outro aspecto da tragédia é que o indivíduo é confrontado com dilemas que estão além da sua capacidade emocional de resolver. A tragédia de *Hamlet*, de Shakespeare, foi interpretada nesse sentido. Ele soube do assassinato de seu pai pelo tio, mas não conseguiu lidar com isso. Conforme diz Tillich: "Pois o homem não é igual à sua experiência" (1964b, p. 54).

Esta formulação de Tillich corresponde ao modelo de Bion (1963) de continente e contido. Nesse caso, o continente não consegue conter o contido (a experiência) (1984, p. 7). Foi essencialmente isso que ocorreu com Hamlet. Pode-se pensar no fantasma de seu pai como o modo de Shakespeare transmitir um *insight* de Hamlet sobre a situação real. Isaiah Berlin disse que Vico não tinha talento suficiente para sua genialidade, e menciona (1979, p. 114) que Heine notou que isso também era a verdade de Berlioz. A tragédia aqui é que o gênio dentro da personalidade não tem "talento" prático suficiente para lidar com o gênio interno. Seria preciso dissecar, em cada caso, em Vico e Berlioz, qual talento lhes faltava. Hamlet não tinha recursos emocionais para resolver o dilema que seu *insight* lhe trouxera. Outra maneira de pensar nisso é dizer que Hamlet teve um *insight*, mas não acreditou nele. A crença é o processo psicológico pelo qual toda a personalidade está reunida no *insight* criativo. O *insight* de Hamlet foi criativo, mas ele percebeu algo intensamente doloroso que o deixou dividido. Algo o impediu de trazer todos os elementos de sua personalidade sob a orientação daquele *insight*.

O que é assim em relação ao indivíduo também é verdadeiro para o indivíduo dentro do grupo. Novamente, Wilfred Bion aborda esse problema em seu capítulo sobre o místico e o grupo em *Atenção e Interpretação*. Aqui a questão não é mais o gênio não ter recursos internos na personalidade, e sim o grupo não estar à altura do *insight* do gênio individual.

Seria surpreendente que, em alguma etapa da carreira de um verdadeiro místico, uma parcela maior ou menor do grupo não o considerasse um místico niilista. Igualmente surpreendente seria que o místico não fosse de fato um niilista para um determinado grupo. Quanto menos

150 RESISTÊNCIA A SE TORNAR UMA PESSOA

não seja, pela natureza de suas contribuições, que com toda certeza são destrutivas das leis, convenções, cultura e, portanto, coerência de um grupo dentro de um grupo, se não do grupo inteiro. (1970, p. 64)

Novamente, isso é tragédia. Aqui a tragédia é experimentada no gênio individual, mas também retrospectivamente em anos posteriores e, para citar Newman (1875), talvez até quinhentos anos mais tarde. O que aconteceria se o grupo pudesse se abrir e encontrar os recursos para ficar à altura do gênio em seu meio? É elementar para o gênio a experiência direta do problema social e a direção na qual a solução deve ser encontrada. Se o grupo se abre a essa visão em seu centro, precisa então abandonar ideais que lhe são caros que o protegem da experiência direta. Contato direto significa que as personalidades do grupo precisam começar novamente, começar a partir da infância, e isso é doloroso.

O que é assim para o indivíduo, para o grupo, também é para os grandes grupos culturais em que ocorrem enormes convulsões na história, com as quais os humanos não são capazes de lidar até aparecer um gênio em cena. Gênios políticos como o Rei Davi, Júlio Cesar, Francis Drake, Thomas Jefferson, Gandhi, Churchill, Lawrence da Arábia, Gorbachev ou Mandela têm o *insight* para conseguir o que o homem comum é incapaz de fazer. Tragédia é quando o evento é maior do que as mentes humanas são capazes de alcançar. A tragédia de hoje (2008) no Oriente Médio é que não há um Churchill, Gandhi ou Mandela para resolver o caos. Olhamos com grande admiração para gênios científicos das ciências naturais como Arquimedes, Copérnico, Newton, Kepler, Darwin ou Einstein, ou das ciências humanas como Kierkegaard, Ruskin, Tolstói, Freud, Jung ou Bion. Nas artes, temos Johann Sebastian Bach, Mozart, Giotto, Michelangelo, Raphael, El Greco, Cézanne

NEVILLE SYMINGTON 151

ou Van Gogh. Na literatura, temos Shakespeare, Dostoiévski, Tolstói, Jane Austen, Emily Brönte ou George Eliot. Na religião, temos Buda, Mahavira, Zaratrustra, Isaías, Jesus, Santo Agostinho, Maomé, Moisés Maimônides, Thomas de Aquino, Lutero ou o Papa João XXIII. O que admiramos é que vemos aqui instâncias de mentes que foram capazes de "encontrar" os problemas, confrontando-os no seu tempo. A tragédia é que existiram pouquíssimos desses gigantes humanos, e que precisam ser vivenciados grandes períodos de inabilidade desesperançada até que apareça um gênio capaz de resolver o problema daquela era. É a pobreza da mente humana diante do que precisa ser resolvido. Menciono aqui grandes figuras, mas existiram também gênios escondidos ou esquecidos, como Harrison, que resolveu o problema da longitude (Sobel, 1998), ou Vico, que apreendeu o conhecimento peculiar a fatos interpessoais, mas isso só foi reconhecido por Michelet cem anos depois de sua morte. John Henry Newman disse sabiamente:

> *Ele sabe que as opiniões atuais são o acidente do dia, e que cairão como subiram. Certamente cairão, mesmo que em um momento distante. Ele trabalha para aquele momento; trabalha para daqui a quinhentos anos. Apega-se à fé para esperar quinhentos anos, esperar por uma era distante, muito tempo depois de ter se reduzido a pó. (1875, pp. 249-250)*

Pode-se referir a isso como tragédia cultural, mas existe também o que pode ser chamado de tragédia evolutiva. A incapacidade para resolver um problema pode se dar porque o desenvolvimento do cérebro não foi suficiente para o problema que precisa ser resolvido. O *Homo erectus*, com um cérebro de 1.000 cm^3, não era capaz de representar ou simbolizar. Hoje, com um cérebro de

152 RESISTÊNCIA A SE TORNAR UMA PESSOA

1.450 cm³, não conseguimos resolver problemas que nossos descendentes daqui a dois milhões de anos, com um cérebro de 1.700 cm³, serão capazes de resolver. De forma simplista, se a mente tiver um instrumento mais complexo, com mais funções, então será capaz de resolver problemas maiores.

A compreensão das limitações do indivíduo, da cultura e do estágio evolutivo de desenvolvimento é algo que ocorre através de um ato criativo pessoal. Como Mary Warnock coloca em *Existentialism* (1979, p. 9), "isso não pode ser passado de uma pessoa para outra, nem aperfeiçoado por diferentes pesquisadores. Não pode ser ensinado em sala de aula". É um ato criativo que forma a pessoa, e nesse ato a tragédia é inerentemente contida. Isso acontece porque ninguém pode fazer ou determinar um ato criativo. Sua natureza essencial é que ele emana totalmente de dentro e inesperadamente. Há um princípio interno que não tem causa externa. Isso é o que define a vida, e foi bem discutido por Streeter, conforme mencionado no último capítulo.

O ato criativo vem totalmente de dentro, embora circunstâncias externas adequadas possam favorecê-lo, mas não o causar. Em cada ponto da formação da pessoa há um confronto com arrependimentos passados, conhecimento do destino, uma visão da cultura e um vislumbre de nosso estágio evolutivo. Tudo isso é extremamente doloroso, e requer uma abertura da nossa mente; temos que deixar para trás preciosas zonas de conforto. Existe, então, resistência para tornar-se uma pessoa.

Este é um poder que está no cerne da vida. Foi Lamarck que entendeu isso, em oposição ao seu rival, Georges Cuvier. Georges Cuvier encontrou fósseis de animais que já não existiam. Disse que certos animais haviam sido extintos, tendo sido o primeiro cientista a fazer essa descoberta. Então uma espécie de animal é extinta, e como outra surge? Curvier insistiu que seria através de intervenção divina. Deus se curvaria ao mundo e criaria novas espécies. Isso poderia ser chamado de "criacionismo periódico" (Honeywill, 2008, pp. 39-44). Lamarck também acreditava em Deus, mas em um Deus que criou tudo e depois se retirou para sua morada celestial – essa é a posição filosófica conhecida como deísmo. Ele afirmava que existe uma força criativa de vida que cria novas formas, as quais se tornam novas espécies, e as primeiras formas desaparecem. Essa força de vida é um poder transformativo.

É preciso notar aqui uma das importantes diferenças entre a teoria da evolução de Darwin e a de Lamarck.

Darwin

Uma mutação ao acaso em uma espécie produz um animal mais bem preparado para a sobrevivência do que o animal que não tenha sofrido mutação. Assim, ao longo do tempo, ao longo das gerações, a linha genealógica da mutação ao acaso sobrevive, enquanto a linha anterior de animais se extingue. Há uma mutação cega que é mais favorável ao ambiente, então ela sobrevive enquanto sua prima antiga desaparece aos poucos.

Lamarck

Ocorre uma mutação no indivíduo através de um fragmento de comportamento aprendido. Esse comportamento aprendido é transmitido aos genes, passando, assim, às gerações futuras. O único aspecto dessa teoria que quero salientar é que a eficácia do modelo de Darwin depende de duas forças cegas: primeiro, uma mutação, e depois, um meio que favoreça o animal mutante, ao invés do animal não mutante. Na visão de Lamarck, existe no

154 RESISTÊNCIA A SE TORNAR UMA PESSOA

organismo um mecanismo que é capaz de transformar os elementos disponíveis em seu próprio benefício. Assim, o modelo de Darwin baseia-se no acaso, deixando a mutação inexplicada, mas o modelo de Lamarck atribui a mudança à capacidade do mecanismo de transformar os processos do organismo e permitir que estes sejam passados para a carga genética e, portanto, para as gerações futuras. Assim, o mecanismo é um agente transformador.

Isso não está ausente no modelo de Darwin, porque o próprio Darwin incorporou a visão de Lamarck, mas o grupo de discípulos conhecido como neodarwinianos, não.

As diferenças entre os dois são as seguintes: no modelo neodarwiniano (e note-se que não se trata do próprio Darwin, que respeitou e incorporou a visão de Lamarck), tudo aconteceria sem qualquer intervenção intencional humana, enquanto Lamarck acreditava que a livre intenção humana tinha um efeito fundamental sobre os processos geracionais.

Notas

1. NT: "*security blanket*", no original.

2. O tamanho do cérebro humano expandiu consideravelmente desde o *Homo erectus* há dois milhões e meio de anos. O crescimento do funcionamento mental aumentou com o tamanho do cérebro. Em mais um milhão de anos, se o cérebro continuar crescendo, então esse salto será entendido pelos nossos descendentes.

9. Aquilo que esmaga o pessoal

Organizações, sistemas, ideologias esmagam a pessoa, se seu propósito for esquecido. Isso acontece se forem vistos como ídolos a serem adorados. Quando isso ocorre, os indivíduos são tratados como unidades dentro do sistema que podem ser sacrificadas por ele. O erro principal é que a organização é transformada em absoluta. A organização, cuja função é servir a um propósito, acaba tornando-se um fim em si mesma. A saúde da organização dependerá de haver um propósito nobre ou básico, e, mais importante, se ela serve a um propósito que está além de seu próprio perímetro, ou se transforma sua própria estrutura em um fim em si mesma.

Aqui há uma inferência de que a idolatria é mal direcionada – está sendo direcionada para o sistema, e não para um propósito para o qual foi instituída. Mas qual é esse propósito? Existem propósitos nobres, ignóbeis e imparciais. Vejamos primeiro o ignóbil. Um cartel de drogas possui um propósito ignóbil: ganhar dinheiro arruinando a vida das pessoas, especialmente dos jovens. Uma

156 AQUILO QUE ESMAGA O PESSOAL

organização cujo propósito é plantar com fins comerciais, sacrificando o fornecimento de alimentos aos habitantes locais, possui um propósito ignóbil, porque o objetivo não é servir aos outros, mas sim o lucro. O lucro é uma consequência positiva, mas uma organização cujo objetivo seja o lucro não se importa com a forma como está lucrando. Há, no entanto, algo subjacente ao lucro. Quando Hitler ordenou a Himmler que configurasse uma organização conhecida como Solução Final, para destruir todos os judeus na Alemanha e em todos os territórios que ele havia conquistado, seu propósito era ignóbil. Quando Mao Tse-Tung ordenou a fabricação de aço para exportar para a Rússia a fim de trocar favores e ganhar dinheiro, sacrificando a vida de trinta milhões de pessoas, a organização criada para isso tinha um propósito ignóbil. Qualquer organização cujo objetivo seja ganhar dinheiro, independentemente dos meios, serve a um propósito ignóbil. Os exemplos poderiam ser muitos. Deixe-me voltar para uma organização que possui um propósito nobre, porém perde de vista seu propósito e serve como um fim em si mesma, ao invés de servir ela própria ao propósito para o qual foi fundada.

Penso que o termo "propósito ignóbil" é uma tênue sombra do que realmente está em questão. É de fato um insulto aos judeus, aos chineses e àquelas pessoas cujas vidas foram arruinadas pelas drogas dizer que são vítimas de uma organização "ignóbil". Tais organizações são muito piores do que ignóbeis. São más. Melanie Klein pensava que o alvo da inveja era o criativo. De certa maneira ela estava correta, se entendermos que generosidade, gratidão ou perdão são criados. Mas, se estivermos falando de alguém que cria uma peça musical, uma pintura ou uma escultura, então ela não atinge o ponto; isso não é o alvo final da inveja. Existiram pessoas que foram monstros e criaram nesse sentido. Hitler é um exemplo. Em seus anos iniciais, ele trabalhava como pintor. Caravaggio pintou obras primas, mas era um assassino. Há uma criatividade muito mais importante do que essas: a criação da confiança, bondade, paz e amor. As organizações a que acabo de me referir são motivadas por ódio violento pela bondade. Perdemos o ponto se dissermos que essas organizações são motivadas por um desejo avaro por dinheiro. Pensar desta forma é muito racional. Elas são motivadas pelo que se pode chamar de paixão espiritual. Em 1938, um grupo de grandes banqueiros comerciais afirmou, em uma reunião em Londres, que a Alemanha não iria para a guerra porque não tinha crédito. Estavam fechados a paixões mais poderosas do que tais motivações áridas, as quais esses banqueiros pareciam acreditar que seriam os fatores motivadores nas questões humanas. O holocausto custou caro para a economia alemã; a selvageria de Mao Tse-tung não melhorou a economia do país. Não, essas organizações são motivadas por ódio pela bondade – sim –, é a bondade que é detestada, e tais organizações estão determinadas a destruí-la. É isso que está subjacente à motivação pelo lucro. Pessoas que parecem amáveis e gentis no convívio social às vezes são impiedosas nos negócios. Há uma separação, de forma que há duas pessoas residindo em um só corpo: uma cruel e impiedosa e outra cortês e educada. Subjacente à motivação pelo lucro, há ódio pela bondade.

Dessa forma, existem organizações com um propósito imparcial. O objetivo não é bom nem mau. O que se propõem a produzir não é necessariamente para a saúde da comunidade humana. Por exemplo, empresas que produzem chocolate, como a Cadbury, Terry, Rowntrees ou Nestlé, estão fazendo algo de que as pessoas gostam e que tem grande demanda no mundo desenvolvido. No entanto, o chocolate não é absolutamente necessário. O chocolate veio do Novo Mundo para a Europa no século XVI. Era consumido como bebida no México pelos astecas, e conhecido como *cacahuatl*.

158 AQUILO QUE ESMAGA O PESSOAL

Era uma bebida amarga e quente, e só passou a ser adoçado, com o açúcar de Cuba, pelos descendentes espanhóis de Hernán Cortés. Assim, até o século XVI não era conhecido na Europa. Somente há pouco mais de cem anos começou a ser produzido como um sólido que as pessoas podiam comprar e comer no lanche. É um gênero alimentício sem o qual as pessoas podem viver – não é essencial, embora muitos o apreciem. Uma empresa que o produz não está servindo a um propósito nobre, mas tampouco é um propósito ignóbil. Serve a um propósito imparcial. As empresas que fabricam chocolate têm lucro. Se a motivação pelo lucro sufoca o propósito imparcial, a organização torna-se corrompida. O chocolate produzido na Costa do Marfim, na África Ocidental, em fazendas onde são cultivados os grãos do cacau, foi plantado nos anos 1980 como cultura comercial sob inspiração do ditador Félix Houphouet-Boigny. Hoje, esse cacau nas fazendas da Costa do Marfim é colhido por crianças escravas, e isso é do conhecimento das grandes empresas de chocolate mencionadas anteriormente, mas como o lucro se tornou o propósito dominante, essas empresas nada fizeram para impedir a escravidão dessas crianças. Resolveram fechar os olhos para o que está acontecendo. Há também uma história de exploração de trabalho na indústria do chocolate. Nos primeiros anos do século XIX, o grão do cacau era colhido em duas ilhas de São Tomé e Príncipe, sob o governo dos portugueses, com "contrato de trabalho". Eram negros trazidos de Angola, forçados em correntes a colher os grãos. A Cadbury sabia disso, mas fingiu ignorar até a revelação do jornalista Henry Nevinson (Off, 2008).

Dei apenas um exemplo do que é uma indústria imparcial que se tornou ignóbil porque a motivação pelo lucro sufocou sua finalidade principal, que é propiciar ao paladar das pessoas, em países desenvolvidos, um doce deleite. Isso é sintomático de um sistema social em que países com um gosto adquirido por algum gênero alimentício exploram países mais pobres que são capazes de fornecer esses produtos a um preço mais barato do que eles. Por exemplo, no decorrer do século XIX, enormes áreas de fauna nativa da Austrália foram dizimadas para a criação de gado e ovelhas para alimentar a Grã-Bretanha com as carnes de boi e de cordeiro a que o país natal estava acostumado. Um sistema social feito de numerosas empresas menores interligadas é parte do mundo em que vivemos, comemos e existimos. Como o ar que respiramos, não temos consciência delas. Esses sistemas sociais penetram nas pequenas frestas do nosso ser. Entram no santuário interno da personalidade. O sistema está fora e dentro da personalidade. Como já foi mencionado (ver Capítulo 7), Talcott Parsons expandiu o conceito de Freud de superego para incluir esses imperativos culturais que existem dentro do indivíduo.

Falei da comida como exemplo, porque nada distingue melhor uma cultura de outra do que seus hábitos alimentares. Estes são aprendidos assim que o bebê é desmamado. Aqui é preciso considerar o tipo de aprendizagem que está envolvido. Como um bebê indiano aprende a gostar de *curry*, um bebê chinês aprende a gostar de brotos de bambu, um bebê francês aprende a gostar de *escargot* ou um bebê inglês aprende a gostar de ovos com bacon?

A palavra "aprender" não parece muito certa. Há uma noção de que esses hábitos são adquiridos por osmose, mas ainda assim há uma aprendizagem da qual não estamos conscientes. Um homem que não tinha boa visão fez um transplante de córnea, o que melhorou a visão de seu olho esquerdo, mas inicialmente, embora a retina do olho esquerdo estivesse funcionando melhor do que antes da operação, ele não via tão bem. Então, após duas semanas, seu cérebro se reequilibrou, como ele diz, e assim passou a enxergar melhor. Veja como ele descreve isso:

160 AQUILO QUE ESMAGA O PESSOAL

Ver ocorre no cérebro, e não no olho, e é resultado do envio de dados da retina para o cérebro e da aprendizagem – eminentemente inconsciente. Durante vinte anos, meu cérebro teve que reaprender, repetidas vezes, como emitir a melhor "visão" dos reduzidos dados enviados pela retina, e o fez de forma impressionante. Desta vez, houve um aumento dos dados enviados pela retina e, até que meu cérebro conseguisse reaprender, isso foi confuso, de forma que embora o que eu visse fosse muito diferente e com melhor qualidade, por um tempo e de alguma forma, enxerguei pior. (Mann, 2008, p. 162)

Precisamos evocar aqui o nível de operação que se tornou familiar através de investigações dos neurocientistas. Por exemplo, sujeitos que receberam cartões de estímulo não sabiam que tinham visto algo que os estimulava eroticamente, mas um exame revelou que fluiu mais sangue para uma parte específica do cérebro. Portanto, acontecia algo que não era consciente. Houve um intervalo de tempo entre o registro do cérebro e o saber consciente.

No Capítulo 1, observei que havia no indivíduo o criado e o incriado, e que o que diferenciava esses dois lados era que os elementos dentro da personalidade eram produtos do *princípio criativo* ou eram intocados por ele. O sistema social entra na personalidade espontaneamente. Entra por uma pressão. Essa pressão encontra seu ponto de apoio no medo que o indivíduo tem da solidão. Há um forte desejo de pertencimento em todos nós, de fazer parte do coletivo e não ser alienado pelo grupo. Colin Turnbull, em seu estudo sobre os pigmeus (1961), descreve como poucas horas de isolamento constituiu um terrível castigo para um membro da tribo. Há então dois modos como algo entra na personalidade: através de pressão conduzida pelo medo do isolamento, ou através do ato criativo interno.

Freud alardeou que a neurose era consequência da repressão do desejo sexual, o tipo de desejo sexual que era condenado pela sociedade de sua época. Reprimir significava, na definição de Freud, remover a atenção de algo. Ele escreveu: "os mecanismos de repressão têm pelo menos uma coisa em comum: uma retirada da catexia de energia" (1915d, pp. 154-155). A palavra *catexia* é uma tradução da palavra alemã *Besetzung*, significando que uma certa quantidade de energia física é ligada a uma ideia ou grupo de ideias, a uma parte do corpo ou a um objeto (Laplanche & Pontalis, 1973). Mas quando pensamos em energia, precisamos incorporá-la a um ato pessoal. Esse é, no entanto, um fundamento diferente do de Freud. A fonte da ação para Freud estava nos instintos, que são regidos pelo impulso à sobrevivência. Quando a necessidade de sobrevivência é satisfeita, então um estado de equilíbrio é restabelecido. O ego aqui é regido pelos instintos sob este princípio. No esquema de Freud, o ego como que se assenta na superfície de um mar instintivo, como uma rolha na água. O que está sendo alegado aqui é que o "governador" é o ego, que é uma força criativa cuja fonte está dentro do organismo vivo e, embora isso pareça pouco, esta "rolha na água" é a fonte que mantém unido o organismo vivo. Isso foi expresso sucintamente por Maurice Blondel, como já mencionei (ver Capítulo 4). O "tão pequeno quanto nada" de que Blondel (1893) fala é o que unifica, e isso é o subjetivo: "O subjetivo é precisamente o que não pode ser conhecido, seja em função da matemática ou em função de uma observação sensível, porque é o que constitui o vínculo e introduz unidade em meio à multiplicidade" (1984, pp. 103-104). É um caso em que a ênfase muda o que é visto, como uma perspectiva invertida. Freud coloca a ênfase nos

162 AQUILO QUE ESMAGA O PESSOAL

instintos sobre os quais repousa o ego, como uma rolha na água, enquanto Blondel toma este *"tão pequeno quanto nada"* como o princípio organizador do ser humano.

Descarregamos energia quando estamos zangados, quando odiamos; conservamos energia quando amamos. Acredito que a raiva se dê porque o ego, em vez de ser um princípio de síntese, tornou-se escravo dos estímulos que o bombardeiam de dentro e de fora.

A *atenção*, penso, é o tipo de atividade psíquica que Freud tinha em mente quando disse que a retirada de *Besetzung* é o que constitui a repressão. Em outras palavras, a retirada da *atenção* é o que queremos dizer com repressão. Na *atenção* há uma concentração de energia psíquica. Assim, precisamos considerar o que significa *atentar* a alguma coisa. Qual é a diferença entre algo a que *atentamos* e algo a que não *atentamos?* Está claro que o atentar tem um efeito sobre o objeto da *atenção*. Se não fosse assim, então não haveria diferença entre algo que é reprimido e algo que não é reprimido. A *atenção*, enquanto ato, tem um efeito sobre o objeto; ele é modificado pela *atenção*. Wilfred Bion entendia isso claramente, porque no eixo horizontal da grade ele começa, depois da coluna dois, com notação, e depois vai para *atenção*, e em seguida, para investigação. Bion (1963) associa *atenção* com *rêverie*. Agora, *rêverie* é um estado em que a mente *atenta* para algo, mas não de uma forma que exclui o resto do que é real. Se eu focar de determinada maneira em algo, em alguém ou em parte de alguém, faço isso com a parte externa da minha personalidade, e levo, desse modo, o ser interior em direção a isso. O interior é arrastado para servir aos sentidos que se concentram sobre o objeto. Toda a personalidade, então, fica escravizada ao objeto externo. *Rêverie* é uma atividade cuja fonte está no ser central da personalidade. O ser da pessoa é caracterizado por seu atributo de estar *em relação*. *Rêverie* é levar o objeto ao âmbito interno do ser. Freud não usou a palavra *rêverie*, mas em suas recomendações aos psicanalistas, isso fica implícito: "A regra para o médico pode ser assim expressa: 'Ele deve conter todas as influências conscientes da sua capacidade de prestar atenção e abandonar-se inteiramente à memória inconsciente'" (1912e, p. 112). Ele deixa claro que seus recursos devem vir de suas experiências pessoais:

> *o sacrifício que implica revelar-se a outra pessoa, sem ser levado a isso pela doença, é amplamente recompensado. Não apenas o objetivo de aprender a saber o que acha oculto na própria mente é muito mais rapidamente atingido, e com menos dispêndio de afeto, mas obter-se-ão, em relação a si próprio, impressões e convicções que em vão seriam buscadas no estudo de livros e na assistência a palestras. (1912e, pp. 116-117)*

Ele explica que essas experiências de dentro de si mesmo são a fonte para a compreensão do paciente, e são impressões e convicções pessoais. O fator de cura é uma pessoa relacionar-se com a outra. E, como já foi mencionado, o ser interno da pessoa está *em relação*. O que está curando, portanto, é o ser interno de alguém entrando em relação com o ser interno do outro. A semente criativa está no interior do ser, e ela fertiliza o ser interior do outro. Não há intermediários entre eles. O tempo e o lugar não são capazes de interferir nesse relacionamento de fertilização.

Essa ideia em que Freud diz que o médico deveria reter todas as influências conscientes é a mesma da *rêverie* de Bion, e também da diferenciação entre atenção com um foco estreito e atenção com um foco amplo, de Marion Milner. Ela coloca claramente:

164 AQUILO QUE ESMAGA O PESSOAL

"Eu mesma aprendi, ao escrever os livros de Joanna Field, por exemplo, sobre ter observado que existem dois tipos de atenção, ambos necessários, um amplo olhar desfocado e um foco estreito e penetrante, e que o tipo mais amplo traz notáveis mudanças na percepção e enriquecimento do sentimento" (1987, p. 81).

Basicamente, se alguém está focado em suas próprias dores, o que é necessário é que se abra à imensidão do ser. Isso não pode ser feito com foco na amargura interior e seu motivo; o que é necessário é a expansão de sua personalidade. Usei uma frase leve e fácil, "expansão de sua personalidade", mas como isso acontece? Charles Dickens o expressa em sua adorável fábula, *A Christmas Carol*. Nessa história, Ebenezer Scrooge, que é um velho amargo, azedo e egoísta, é visitado na noite de Natal por três fantasmas: o Fantasma do Natal Passado, o Fantasma do Natal Presente e o Fantasma do Natal Futuro. O que representam esses fantasmas? Scrooge é velho; seu antigo sócio, Jacob Marley, morto há sete anos, como Dickens coloca, vem a ele. Por algum motivo, a morte tornou-se realidade para Scrooge. Ele sempre soube que morreria, mas essa era uma verdade exterior a ele. De repente, na noite de Natal, sua morte, que não estava muito distante, surgiu para ele como uma realidade. Ele vira um caixão passar em um carro quando do ia para casa naquele mesmo dia, e então, ao chegar em casa, o batente da porta transformou-se em Jacob Marley, em um momento alucinatório. O que não sabemos é por que isso aconteceu. Ele tentou dissimular, dizendo que os fantasmas que ele via eram apenas produto de um queijo indigesto.

E há o caso de Sidarta. Ele viveu no palácio de seu pai e lá desfrutou de um paraíso idílico. Nada sabia de doença, velhice ou morte, até Channa, seu cocheiro, tirá-lo do palácio para um passeio pelos campos. Lá Sidarta viu um homem que estava doente, então viu um velho, e depois o corpo de um homem morto. Aquilo tiro o jovem de um transe e levou-o ao conhecimento do mundo.

Naquela noite ele deixou o palácio do pai e foi para o parque dos veados, pôs as vestes pobres de um asceta e por lá ficou durante sete anos, antes de encontrar a Iluminação e tornar-se Buda, o desperto. O que aconteceu com Sidarta é contado aqui em forma de fábula. Então, que estado mental o palácio simboliza? Parece que o jovem Sidarta estava em um estado de hipnose. Tinha uma jovem esposa, nos contam, e também um filho, e somos levados a entender que estava em uma posição privilegiada – desligado de toda inquietação e desconforto; aquela vida era uma espécie de sonho. Minha sensação é que o jovem Sidarta sabia que doença, velhice e morte existiam, mas não eram reais para ele. Sei que a Estátua da Liberdade existe, mas nunca a vi; então um dia velejo até o porto de Nova York em um barco e vejo a estátua com meus próprios olhos. Saio do barco e vou até a estátua para senti-la com minhas mãos. Ela não se torna real até que meus sentidos tenham se envolvido com ela. Da mesma forma, fico sabendo que meu pai morreu, mas somente após ver seu corpo e também o caixão descendo na sepultura é que começo a compreender. É necessário que ocorra uma revolução interna para que eu compreenda.

Há uma diferença entre conhecimento intelectual, conhecimento sensorial e compreensão emocional. Para ilustrar isso, primeiro quero mencionar uma história pessoal. Minha mãe morreu certo ano no final de setembro. Eu sabia que ela tinha morrido: fui ao funeral, vi o caixão descendo na sepultura, joguei terra no caixão. Assim, eu sabia disso como fato, e chamarei esse conhecimento fatual de *conhecimento pragmático*, mas eu não sabia emocionalmente. Cinco anos mais tarde, tive um sonho: minha mãe vinha até mim e parecia incrivelmente real. Algumas vezes nos sonhos uma figura ou lugar é tão real que aquilo parece querer dizer algo. Então, uma voz colateral disse: "Isso é real ou é um sonho?", e eu respondi: "É um sonho, porque minha mãe está nele". Quando acordei, eu sabia que minha mãe havia morrido, que não estava mais aqui. Fiquei triste e chorei. Foi preciso cinco anos para que eu soubesse emocionalmente que minha mãe tinha morrido. Então, o que significa "emocionalmente", essa palavra que usamos com tanta naturalidade? Qual era a diferença entre saber que minha mãe tinha morrido quando fui ao funeral e quando acordei depois daquele sonho? Naquele sonho ela parecia muito real, mas eu sabia que a via através das lentes de um sonho, e não através... não foi sua aparência que me mostrou se o que eu via era verdade, foi necessário que eu soubesse o meio através do qual a estava vendo. Nessa experiência, eu sabia o meio. Foi uma experiência de saber o meio. Olhando de forma diferente: o eu pragmático que acompanhou o funeral era agora capaz de afirmar-se contra o sonho em que ela estava viva. Normalmente quando sonhamos, acreditamos no sonho, mas nesse caso, havia um conhecimento de que aquilo era um sonho. Havia duas vozes nesse sonho. Uma perguntava, "Isso é real ou é um sonho?". Essa voz queria saber qual desses dois estados estava operando. Então, há um eu que não sabe, e há um eu pragmático que diz, "É um sonho porque minha mãe está nele". Considero que há outra forma de pensar sobre isso. No sonho, ela parecia muito real. Acredito que essa realidade resultava de ela estar fora de mim. Quando recordei, antes, que no funeral eu não sabia emocionalmente que ela estava morta, então, se ela ainda estava viva, onde estava?

Saber algo emocionalmente requer um duplo compromisso. Meu eu interior precisa estar amarrado ao evento externo. Os dois precisam se unir. O evento externo precisa ser criado pelo interno. O neurocientista Antonio Damásio fez uma valiosa distinção entre *consciência nuclear* e *consciência estendida*. Aquilo a que me referi anteriormente como *conhecimento pragmático* é o que seria incluído por Damásio como *consciência estendida*. Foi o pragmatista que disse: "É um sonho porque minha mãe está nele", mas o pragmatista dizia isso no sonho. O sonho vem do meu núcleo, do meu interior. Agora sei disso no meu núcleo. Sei porque criei o que sei. O *núcleo* é um criador. A parte estendida da personalidade é o *pragmatista*. É aquela parte da personalidade que registra eventos externos. Esse *pragmatista* que se relaciona com o mundo externo das sensações é o que Freud chamou de *ego*.

Vou me aprofundar nisso e, para tal, preciso primeiro relatar outra coisa que me contaram. A mãe desse homem morreu quando ele tinha dois anos, mas isso não parecia ser algo que ele tenha sentido. Era um fato, tanto quanto que a Rússia é um país grande, que o corpo do cachorro é coberto de pelos, que a água se converte em vapor quando aquecida a cem graus Celsius. Duas coisas eram muito fortes nele: ele adorava seu pai e tinha uma grande compreensão e sentimento por qualquer pessoa, especialmente se fosse criança, que estivesse triste ou angustiada. A essência de sua mãe tinha sido impelida a seu pai, a quem ele amava muito, e ele tinha absorvido as funções maternas de sua mãe em si, para que ela não morresse. Quero assinalar que sua compreensão e seus processos estavam muito desenvolvidos. Ele tinha tomado posse, internamente, do que Winnicott chamou de *preocupação materna primária*.

O que estou querendo dizer é que as funções da pessoa que morreu ainda estão vivas, então não morreram. Bem, a pergunta óbvia é – esse homem perdeu o amor por seu pai e sua preocupação com as pessoas, especialmente crianças, que estavam tristes ou deprimidas? Penso que a resposta requer muita atenção. Voltarei agora para minha própria experiência. A absorção da função materna já estava em mim antes de minha mãe morrer. Provavelmente isso se deu nos meus dois primeiros anos de vida. Mas eu

168 AQUILO QUE ESMAGA O PESSOAL

não havia apreendido as funções de minha mãe somente, como também de outras pessoas. Absorvi a mentalidade de grandes pensadores que estudei. Os ensinamentos individuais são manifestações da perspectiva mental do homem. Isso foi assim para mim com Freud, Jung, Sócrates, Platão, Thomas de Aquino, G. K. Chesterton, Isaiah Berlin, Vladimir Solovyov, Joh Macmurray, Meister Eckhart, Tolstói e Wilfred Bion. Absorvi o modo de minha mãe de absorver "o outro"; é um aprendizado precoce por osmose. Quando minha mãe de fato morreu emocionalmente, naquele sonho em que a vi do lado de fora vindo em minha direção, não mais absorvi a totalidade de Freud, Jung etc., mas era agora eu mesmo, e não absorvi a totalidade do pensador indiscriminadamente, mas de acordo com as lentes de Neville. Em outras palavras, absorvi a realidade como um todo, mas pela lente específica chamada "Neville". Não mais transformei um fragmento no todo, mas o todo no todo. Lembro-me de algo que costumava me irritar a respeito de minha mãe. Ela não conseguia ver defeito em alguém que ela amasse e admirasse. Ela transformaria até os vícios mais gritantes em virtudes. Era capaz de convencer-se da bondade de algo que me parecia obviamente ruim. Também não era capaz de receber críticas; acho que isso significa que a origem de sua visão das pessoas admiradas como perfeitas era sua própria perfeição. Ela via as pessoas que amava através dessa sua lente. Quando bebê, também bebi desse seu modo. Ainda hoje, tendo a fazer o mesmo com aquelas figuras admiradas que mencionei anteriormente, no entanto hoje consigo não o fazer. A forma como o modo de minha mãe tornou-se inserida em mim era quase elementar. Eu também era persuadido aos seus pontos de vista mesmo em questões básicas, como gosto. Por exemplo, minha mãe costumava elogiar as virtudes de um conhaque espanhol, e eu o beberia acreditando ser o elixir dos deuses, então um dia o bebi e despertei dessa hipnose materna. "Meu Deus, esse conhaque é abominável." Tudo o que era espanhol era bom aos olhos da minha mãe – o conhaque, o vinho, as touradas, a dança flamenca, Franco, e até mesmo a inquisição espanhola.

Penso que quando soube que aquilo era um sonho, cinco anos após a morte da minha mãe, o modo materno de absorver as coisas estava fora de mim. Meu próprio eu estava vivo. Antes disso, quando alguém era reverenciado, tudo nele era bom, quer se tratasse de Freud, Shakespeare, Wilfred Bion, Tolstói, Mozart, Darwin, Buda ou Jesus. Embora essas pessoas sejam notáveis – e não pretendo equipará-las –, cada uma delas, até mesmo Buda e Jesus, erraram algumas vezes, equivocaram-se. Acredito que quando tive aquele sonho, esse modo materno de absorver as coisas estava então fora de mim, e consegui absorver criticamente, e esse modo crítico de assimilar realmente parecia ser meu. Mas o amor pela minha mãe estava estabelecido, apesar dessa sua parte egocêntrica. Agora era um amor real, e não um amor baseado em uma projeção da minha própria individualidade.

Acho que tal questão vai além desse pensamento. Penso que, quando tive aquele sonho, coincidiu com a capacidade de separar o bom que vinha da minha mãe do ruim. Qual é a diferença entre bom e ruim? Estou dizendo aqui que a convicção da minha mãe de que todas as coisas da Espanha eram boas fazia parte do mau funcionamento nela – mas por quê? O que há de errado nisso? Isso me faz lembrar de uma colocação de Chesterton: "A verdade, é claro, deve necessariamente ser mais estranha do que a ficção, pois fizemos a ficção adequar-se a nós" (1905, p. 60). Estou sugerindo que esse amor por todas as coisas da Espanha era de alguma forma conveniente a ela. Meister Ekhart salienta que tornar-se receptáculo da graça de Deus é em si um autoaprimoramento (1981, p. 200). Minha mãe fazer com que a Espanha seja o bom de alguma forma transforma um fragmento do mundo no bom, *à exclusão de todo o resto*. E eu sabia que isso era verdade porque, ao tornar tudo da

170 AQUILO QUE ESMAGA O PESSOAL

Espanha bom, ela menosprezava silenciosamente todas as coisas portuguesas. Essa é a diferença entre bom e ruim. No bom, nada é excluído, e é o infinito que é bom, enquanto o ruim é a perversão disso. É quando um fragmento é transformado no todo, do qual outros elementos da realidade são excluídos.

Há um conhecimento de que há uma conjunção de um evento externo e uma receptividade interna àquele evento. Na receptividade há um sair em direção. Uma busca está em andamento. Há um conhecimento ofuscante de que algo está faltando, algo crucial, na vida que está sendo vivida. Então, há uma junção do interno e externo que parece milagrosa.

Foi essa a grande mutação que ocorreu no alvorecer da civilização. Quando humanos começaram a pintar nas cavernas de Altamira, Lascaux e Chauvet, na Europa, e na região de Pilbarra, na Austrália, foi um sinal de que esse ser interno havia se libertado do estrangulamento dos sentidos. Claramente aqueles nossos antepassados que viviam nas cavernas há vinte ou trinta mil anos *atentavam* para aqueles bisões e outros animais que reproduziam nos tetos de suas cavernas. Um efeito da *atenção* é trazer o que pertence ao âmbito dos sentidos, à esfera exterior da personalidade dominada pelos sentidos, para o mundo interno. É que o ser interno atrai o objeto sensorial para seu âmbito, de forma que ele dê uma particularidade ao âmbito interno. O âmbito interno está *em relação*. É isso que diferencia sanidade de loucura. Quando o mundo interno está escravizado, aniquilado de fato, pelos estímulos que bombardeiam o organismo através dos sentidos, então o indivíduo está louco, mas quando o ser interno se prende em relação ao mundo externo, através da faculdade intelectual que apreende o ser, então há uma mente sã dentro do organismo. Dessa forma, a pergunta é: por que aqueles homens das cavernas desenhavam o específico no âmbito relacional do ser? Há duas questões que precisam ser esclarecidas aqui: a primeira é a natureza relacional do ser, e a segunda é a evolução do cérebro. Refletirei por um momento sobre a natureza relacional do ser.

Os planetas estão em relação com o sol; o sol está em relação com as outras estrelas da galáxia. Esta galáxia, a Via Láctea, está em relação com as outras galáxias girando pelo espaço. Dentro do átomo, o elétron está em relação com o próton. É inerente à natureza da realidade estar *em relação*. Penso que foi por isso que os teólogos cristãos declararam que existe um modo *em relação* dentro da divindade, conhecido como Trindade.

Na literatura psicanalítica ouvimos muito sobre a indiferenciação entre *self* e objeto, ou um estado fusional entre *self* e objeto. É nesse ponto que devemos examinar mais de perto esses elementos incriados na personalidade, de onde vêm e como entram no indivíduo. Existem dois modos de ligação entre uma pessoa e outra – ligação externa ou comunhão interna. Thomas Ogden escreveu em um artigo recentemente: "ganhamos acesso à dimensão inconsciente da experiência olhando *para* a experiência consciente, e não olhando 'por trás' ou 'por baixo' dela" (2009, p. 149). Esta última é indefinida, exceto por sua existência. Acho que foi o que Ogden quis dizer aqui. Não há fator de restrição. Uma flor não é um animal, mas a não existência é a única coisa que a existência não é. Se eu mergulhar em minha superfície, na individualidade baseada na sensorialidade, para dentro da minha existência, estarei em fraternidade com as estrelas, os minerais, as plantas, os animais, os seres humanos e com todos os eventos históricos.

A ideia de que o ser humano está sujeito ao infinito ao invés do finito permite plasticidade, enquanto a última conexão solidifica o que precisa ser flexível. Essa noção de estar em fraternidade ou

172 AQUILO QUE ESMAGA O PESSOAL

irmandade com o universo foi maravilhosamente expressa por São
Francisco de Assis, em seu famoso *Cântico do Irmão Sol*:

Louvado sejas, ó meu Senhor, pela Irmã Lua e as estrelas
Que no céu as acendeste, claras, preciosas e belas
Louvado sejas, ó meu Senhor, pelo irmão Vento
E pelo Ar e nuvens, pelo sereno e todo o tempo,
Por quem dás às tuas criaturas o sustento.
Louvado sejas, ó meu Senhor pela Irmã Água,
Que é tão útil e humilde, Preciosa e casta.
Louvado sejas, ó meu Senhor, pelo Irmão Fogo,
Pelo qual alumias a noite;
Ele é belo e suave, robusto e forte. (Shirley-Price, 1959)

Há uma relação entre as coisas na vastidão do universo. Existe
aquele bonito apelo quando um médico aproximou-se de Francisco
com um instrumento incandescente para cauterizar seu olho, e ele
disse, "Trate-me delicadamente, Irmão Fogo".

Há uma crença filosófica originada em John Locke de que todo
conhecimento vem através dos sentidos, e de que a mente é uma
tabula rasa, uma placa de cera que registra as impressões nela im-
postas. Nesse modelo, o *princípio criativo* não tem lugar teórico.
Enfatizo a palavra "teórico" porque, embora não articulada, está
implícita. Portanto, mesmo o mais devoto discípulo de Locke não
pode deixar de saber que há uma seleção de estímulos, mas o princípio interno pelo qual a seleção é feita é ignorado. Freud era desta
mesma tradição. Então, por exemplo, ele fala de *sublimação*, quando um impulso instintivo se torna socialmente útil, mas ignora o
princípio pelo qual isso ocorre. Ele não diz como acontece, mas
seu modo de expressão sugere que ele pensa que isso é de alguma

maneira forçado na mente. O ego é a parte da personalidade que enfrenta o mundo externo; é o termo genérico para os sentidos.

E ainda, nenhum filósofo ou pensador de qualquer profundidade pode ser satisfeito com isso, então Freud diz que esse ego é aprofundado através das identificações. Em outras palavras, tem uma qualidade que transcende a placa de cera.

No entanto, não é suficiente dizer que a mente é uma placa de cera e que os estímulos são impressos nela. O que entendemos é que a mente pode existir em duas condições: uma é a condição da placa de cera, e outra é a condição do *princípio criativo*. Mas a condição da placa de cera não é apenas passiva, mas sim os estímulos, quaisquer que sejam, tornam-se dotados de toda a força de um comando. O que precisamos perguntar, então, é o que existe na personalidade que a dota dessa forma?

10. Princípio totalmente inclusivo

Na introdução, mencionei que se o processo existente entre os dois polos fosse inspirado em determinada qualidade, então esses dois polos tornar-se-iam pessoas. Neste capítulo, quero examinar essa qualidade.

Uma mulher que recebeu vários sinais de que sua mãe não a amava disse um dia: "Sabe, teria sido muito melhor para mim se minha mãe tivesse me contado que não me queria. Eu poderia lidar com isso".

Se sua mãe tivesse dito a ela que não a queria, ela teria confiado na mãe, uma vez que aquilo estaria contido na mente desta. Assim, aquela mãe estaria vivendo a experiência ao invés de ser vivida por ela, que era a experiência de sua filha. Ela ficava sozinha em casa com frequência, e um dia, pouco antes do Natal, sua mãe lhe dissera que ela ganharia adoráveis presentes. No entanto, na véspera de Natal a mãe saiu, ficou bêbada e, na manhã seguinte, não havia

176 PRINCÍPIO TOTALMENTE INCLUSIVO

presentes para sua filha. Na verdade, seria preciso que sua mãe admitisse para si mesma, em outras palavras, que criasse por conta própria que não quisera essa criança. A experiência de sua filha teria sido diferente se ela tivesse feito isso. Nem teria precisado contar à filha que ela não era desejada.

Este princípio foi enunciado por George Eliot em seu romance *Middlemarch*. O amor de Lydgate por Rosamund é um enredo secundário do romance. Rosamund é uma *femme fatale*, e depois de um tempo, Lydgate percebe que ela não o ama. Bem pior do que isso, George Eliot afirma: "a certeza de que 'Ela nunca me amará muito' é mais fácil de tolerar do que o medo de que 'Não a amarei mais'" (1973, p. 702). O princípio fundamental aqui, que leva não somente ela, minha paciente, mas qualquer um, a enlouquecer, é não ser capaz de amar. Essa resposta ao meu questionamento veio com a compreensão do problema dessa mulher, embora minha indagação se relacionasse não só com essa mulher sentada na minha frente, mas com algo geral que se aplicava a ela, a mim e a pessoas através das culturas e da história, por pelo menos onze milênios, ou desde o alvorecer da civilização. Também, quando percebi isto, quando meu coração reagiu a essa declaração, talvez eu estivesse receptivo a ela de uma forma que nunca estivera antes. Minha própria mente estava em um estado de indagação, buscando por isso. Assim, o princípio de que a loucura surge se alguém não é capaz de amar possui abstração suficiente para aplicar-se a uma descrição da humanidade em todas suas diversas formas. Quando afirmo que tem *abstração suficiente*, não significa que se trata apenas de uma ideia Platônica, e sim que é uma realidade – mas uma realidade que enche a realidade sensorial com todas suas possibilidades totalmente inclusivas. É uma realidade no foro humano como volume, densidade, ou gravidade na natureza, que permeia o mundo dominado pelas sensações. Tal realidade é capaz de ser um denominador comum que respeita inteiramente a individualidade e a liberdade de cada pessoa, e, como princípio, é capaz de ser usada para resolver o problema de cada paciente, e não força o indivíduo a uma estrutura em que ele não se encaixa. Dessa forma, por exemplo, dizer que um tijolo de argila tem determinado volume não tira nada de sua qualidade individual; da mesma forma, se a densidade for especificada, sua forma e cor não são diminuídas. No que se refere aos seres humanos, existe um conjunto diferente de princípios que regem as qualidades individuais. Nos corpos físicos, há gravidade, dentro de cada corpo há uma atração magnética que faz com que um corpo esteja em relação ao outro. Entre os seres humanos, há um equivalente de gravidade em nível humano. O que é isto? A gravidade pode nos dar uma pista de que há alguma conexão entre o outro e eu, mas que isso não se dá somente no nível da gravidade, mas no nível especificamente humano. Enquanto a gravidade é um componente inerente tanto a uma pedra quanto a um planeta, dentro do ser humano esse elemento relacional é algo que existe, mas para tornar-se humanamente real não está ali como a gravidade meramente está ali: sua presença tem que ser desejada.

Há outro princípio que está intimamente ligado a esse. É que, assim que alguém começa a amar, experimenta a dor mental. Pode ser tristeza, culpa, arrependimento, pode ser decepção ou vergonha. O ódio expele a dor, enquanto o amor a envolve. Portanto, uma das razões pelas quais o amor é evitado é que ele expõe a pessoa à dor. A loucura é um anestésico contra dor. São, então, princípios inter-relacionados. Um dos princípios característicos da sanidade é a capacidade de amar, e a loucura é a incapacidade de amar. Não é bom um analista dizer ao paciente que ele nega dor, culpa ou decepção. O que deve ser feito é expandir a capacidade de amar dessa pessoa, e isso a levará a um conhecimento da culpa, da dor e da decepção.

178 PRINCÍPIO TOTALMENTE INCLUSIVO

Existe outro princípio auxiliar que está implícito na afirmação que minha paciente fez sobre sua mãe. Estava claro que algo impedia sua mãe de aceitar a verdade de que não quisera a filha. Talvez seja porque esse não é um sentimento que uma mãe deveria ter, e aqui está outro princípio auxiliar: que coagida, uma verdade não pode ser aceita. Para que possa ser aceita, é necessário estar totalmente livre de restrição. E, deste, surge outro princípio.

Se sua mãe tivesse sido capaz de aceitá-lo e dizê-lo para sua filha, ou mais importante ainda, se tivesse sido capaz de dizê-lo a si mesma, seu ódio teria ficado contido dentro de sua própria psique, e não descarregado; assim, a experiência da criança teria sido bem diferente. Em vez de experimentar ações negligentes ou odiosas de sua mãe, ela teria conhecido uma angústia de sua mãe. A angústia da mãe não teria sido expressa em ações negligentes para com a filha, e sim transformada em conhecimento interno. Dessa forma, o princípio aqui é que a inclusão de uma verdade dentro da psique gera compreensão em relação ao outro. Se assim fosse, a experiência da minha paciente quando criança teria sido diferente.

Há outro princípio auxiliar que flui deste: que vejo o mundo pelas lentes de minha própria estrutura psicológica. Se essa estrutura estiver baseada no ódio e na evacuação, a forma como vejo o mundo será bem diferente de como o veria se tivesse abraçado o que está dentro de mim. Esses são os princípios abstratos que posso usar como instrumentos para resolver problemas trazidos pelos meus pacientes. Como se aplicam a mim tanto quanto à minha paciente, eles me dão uma plataforma de onde posso avaliar o estado de consciência. Conhecer-me da melhor maneira que posso é o critério fundamental pelo qual posso compreender os problemas dos meus pacientes.

Este princípio que chamei de amor requer um nome diferente. O uso da palavra amor sugere que é algo que possuo, o que é um equívoco. Voltando à analogia da gravidade, o planeta Terra não possui gravidade; é um princípio inerente ao planeta, que o une ao sol e outros planetas no sistema solar, e por sua vez une o sistema solar ao resto da galáxia, e a galáxia ao universo todo. Existe, assim, um princípio de união, tanto dentro da psique de cada indivíduo como entre os indivíduos. Esse princípio de união é conhecimento ligado com amor. Conhecer e amar são entidades afins. Amor ou afeto está baseado em algum elemento de similaridade. Meister Eckhart escreveu: "Toda atração, desejo e amor vem daquilo que é similar, porque todas as coisas são atraídas por e amam o que é similar a elas" (1981, p. 214). Eckhart tirou isso da *Ética*, de Aristóteles: "Se diz que amizade é igualdade, e ambas são encontradas mais comumente na amizade dos bons" (Livro 8, Capítulo 5). O amor é um desejo, uma emoção que impulsiona o saber, enquanto o saber em si ocorre por estar nele. É uma forma de ser, que é conhecimento. A palavra "intuição" não carrega em si amor. Precisamos encontrar uma palavra ou frase que inclua ambos. Sugiro *sabedoria do coração*. Sabedoria transmite algo que é um dom superior. O homem sábio permitiu-se ser possuído de sabedoria. Deu seu coração para algo que está fora dele e ao mesmo tempo o inclui. A sabedoria é transcendente e também imanente, então vem do coração e não da superfície da personalidade. Essa *sabedoria do coração* é o princípio que transforma dois indivíduos em pessoas que estão em relação uma com a outra.

Se a situação psicológica do analista ou do psicoterapeuta estiver na esfera desse princípio, então, desse ponto de vista, que pode ser mais profundo ou mais elevado do que os modelos psicológicos propriamente ditos, todos esses podem ser englobados. Neste momento no discurso psicanalítico, os modelos estão restritos

180 PRINCÍPIO TOTALMENTE INCLUSIVO

a um campo limitado. Somos todos familiarizados com a teoria de repressão de Freud, com a tipologia de Jung, com a teoria do espelhamento de Kohut, com a teoria das posições esquizoparanoide e depressiva de Melanie Klein, com a teoria do continente e contido de Bion, mas estes são apenas modelos que existem nos livros psicanalíticos oficiais: há muitos outros modelos que muitas vezes são adequados. Por exemplo, a teoria clássica de aprendizagem é com frequência aplicável, assim como a teoria de Piaget da constância do objeto, a teoria da paixão intensificada no indivíduo deficiente, de Stefan Zweig, a teoria de que a ação emocional toma sua coloração do objeto para o qual tende, de Blondel, a teoria de que o *self* é um agente que produz pensamento, de Macmurray, a teoria de que o suicídio é resultado de narcisismo extremo, de Tolstói, a visão de que o suicídio é um estado de espírito, e não um ato particular, de Hermann Hesse, a teoria de *dukkha*, de Buda, e a visão do historiador Arthur Bryant, de que criatividade sufocada leva à destrutividade. Pela visão de Chesterton, é pela fé que sabemos da existência de outras pessoas. Na visão de Kierkegaard, é o ato da escolha que dota o indivíduo de nobreza. Esse princípio mais profundo, *sabedoria do coração*, que tentei enunciar, permite que o profissional englobe todos esses e diversos outros modelos diferentes. *Sabedoria do coração* não é algo que se aprende como um processo racional que segue o processamento das sensações. É adquirido por estar em relação com a sabedoria como se manifesta na pessoa, e por ser surpreendido por um novo desconhecimento que muda o coração. Não é um conceito abstrato, mas uma realidade cujo núcleo é emocional e pessoal. A diferença entre sabedoria e conclusões alcançadas racionalmente é que a fonte da primeira vem do princípio de unidade que permeia toda a realidade, da mesma forma como volume e densidade estão dentro de toda a diversidade, ao passo que... as últimas encontram conexão entre as coisas baseadas na "similaridade sensorial".

NEVILLE SYMINGTON 181

Na introdução, fiz menção à maneira como uma mãe que seja capaz de refletir sobre sua própria experiência, mesmo quando esta não tenha sido satisfatória, dota seu bebê com a capacidade de se relacionar. Aquilo a que me refiro como *sabedoria do coração* é exemplificado nesse caso. A mãe que tem "espaço mental para se relacionar com sua própria relação com os outros" tem *sabedoria do coração*, mas como adquiriu isso? Pode-se dizer que essa mãe a quem Hobson se refere recebeu essa capacidade de sua mãe, que a recebeu de sua mãe, e assim por diante, mas isso não indica como surgiu essa genealogia benigna. Isso também pressupõe ter ocorrido da mãe para a criança, mas será que alguém conseguiria essa *sabedoria do coração* de outra fonte que não a mãe? E a qualidade generativa seria a capacidade *de pensar sobre* as experiências passadas?

Pensar sobre é a manifestação superficial de um processo mais profundo. Quero tentar nomear isso. Existem suposições básicas que governam a forma como vemos as coisas. Ora, no mundo freudiano admite-se que os pressupostos sobre os quais essa filosofia é construída estão corretos. No entanto, acredito que este é um erro grave. Existem alguns pressupostos básicos no pensamento freudiano que estavam errados, muito errados. Ele rejeitou a religião. A religião, como a ciência, está cheia de erros, mas possui algumas pérolas de sabedoria enunciadas pelos místicos. Assim, vou considerar algumas suposições básicas, como Freud as expressou em *O Mal-estar na Civilização*. Sua primeira suposição foi que aquilo que o ser humano mais quer e pelo que se esforça é a felicidade:

Voltar-nos-emos, portanto, para uma questão menos ambiciosa, a que se refere àquilo que os próprios homens, por seu comportamento, mostram ser o propósito e a intenção de suas vidas. O que pedem eles da vida e o que desejam nela realizar? A resposta mal pode provocar

182 PRINCÍPIO TOTALMENTE INCLUSIVO

> *dúvidas. Esforçam-se para obter felicidade; querem ser felizes e assim permanecer. Essa empresa apresenta dois aspectos: uma meta positiva e uma meta negativa. Por um lado, visa a uma ausência de sofrimento e de desprazer; por outro, à experiência de intensos sentimentos de prazer. (1930a, p. 76)*

No entanto, pensadores opuseram-se fortemente a isso através dos séculos; por exemplo, o filósofo John Macmurray diz:

> *A liberdade, estou certo, é a pérola de grande valor pela qual, se formos sábios, estaremos preparados para vender todos nossos bens, para comprá-la. A crença antiga e amplamente difundida de que o bem supremo da vida humana é a felicidade – com todo seu poder de persuasão – é falsa. A liberdade vale mais do que a felicidade; e é isso que reconhecemos quando honramos aqueles que estiveram dispostos a sacrificar a felicidade, e até mesmo sua própria vida, pela liberdade. (1949, p. 2)*

Temos então duas posições opostas. Não é possível que ambas estejam certas, mas percebamos que ambas são afirmadas com absoluta certeza. Então, qual está certa? Citamos Freud, que diz, "visa a uma ausência de sofrimento e de desprazer; por outro [lado], à experiência de intensos sentimentos de prazer".

Existe alguma possibilidade de viver a vida sem dor? Não seria um paraíso dos tolos, este que está sendo recomendado? Se alguém de fato seguisse essa recomendação – e as pessoas tentam de fato seguir tal prescrição, sem que Freud as oriente a fazê-lo –, estaria em constante fuga de cada situação dolorosa. Em meu relacionamento com os outros, sempre existem dificuldades que me desafiam a fazer coisas que são dolorosas. Posso guiar minha vida de forma a evitá-las. Não é essa precisamente a posição do neurótico? Ele evita o que é desconfortável, o que é desarmônico e assim não vive verdadeiramente? Não se impõe a nós que, se quisermos viver uma vida plena, precisamos aceitar a dor assim como a alegria? Na verdade, se evitamos a dor, evitamos também a alegria. A palavra-chave aqui é "aceitar". Se seguirmos a crença de Freud de que seu indivíduo simbólico é aquele que visa ausência de dor e experiência de prazer, então evitar um aspecto da vida, de viver, é a crença que o rege. A diferença aqui é entre "evitar" e "aceitar". Vamos considerar o objetivo de vida de Marion Milner:

> *O que quero não é dizer quando morrer, "Fui tão útil quanto possível" – eu deveria querer isso, mas não quero. Quero sentir que "vivi". Mas o que quero dizer com isso? Quero dizer algo bobo e de folhetim de domingo, como "explorar as profundezas da experiência humana", ou "aproveitar a vida ao máximo". Como isso parece sem sentido. Acho que tenho uma mente de jornal de domingo. Não quero estar a serviço de uma boa causa, então não é bom fazer de conta que quero. Talvez seja um egoísmo colossal, mas quero uma parte de tudo no mundo, o que é bom e o que é ruim. O mundo é tão maravilhoso, quero apreendê-lo, participar dele, envolvê-lo, sentir cada parte de mim vibrando com ele. (1934, p. 23)*

Ela quer uma parte do que é bom e do que é ruim, da dor e também do prazer.

Precisamos ir tão longe quanto Macmurray e dizer que a liberdade é o que as pessoas mais querem, e não a felicidade?

184 PRINCÍPIO TOTALMENTE INCLUSIVO

Olhemos para isso mais de perto. No que consiste a liberdade? Sou um homem livre se aceito, aceito profundamente, aquilo que é. Não posso deixar de citar o místico inglês do século XIV que escreveu na *Epístola do Conselho Privado* o seguinte: "... portanto, desça ao ponto mais baixo da tua razão, que alguns homens sustentam poder provar ser o mais alto, e pense da forma mais simples, mas para alguns homens a mais sábia, não o que tu és, mas que tu és" (McCann, 1952).

No entanto, é a visão do próprio Freud. Sua descrição de um sintoma neurótico é que o impulso interno não foi aceito, e, portanto, resultou em uma condição substituta, e é a não aceitação que leva à formação de um sintoma neurótico. O que Macmurray introduz é "valor". Há um valor, ele acredita, na aceitação. Para Freud, há um valor na fuga, ou será que ele acredita que o instinto de evitar a dor e buscar o prazer é algo que impulsiona os seres humanos, como se fossem máquinas? A pergunta aqui é: a "aceitação" desse fato muda o fato? Parece que Freud aceitou o fato de que somos instintivamente motivados a evitar a dor e buscar o prazer, mas ele fez mais do que isso. Disse que esse é o único objetivo de ação disponível aos seres humanos. Outras fontes de ação estão banidas. "Valor" é algo que se escolhe; não é algo que *tem* que ser feito. A posição de Freud é que os seres humanos não têm escolha: eles *têm* que evitar a dor e buscar o prazer. O valor, no entanto, implica que há algo no ser humano que exerce um comando sobre os estímulos que o bombardeiam de dentro e de fora. Que, aceitando o fato de que somos levados a evitar a dor e buscar o prazer, a personalidade se abre para outras possibilidades. Aceitação não significa uma rendição fatalista. Significa que o ser humano reconhece o que é.

Há aqui duas teorias: uma é que os seres humanos e a própria vida, em qualquer de suas formas, não são diferentes de um aglomerado de matéria inanimada, e são assim movidos por elementos externos a si mesmos; e o ponto de vista oposto, que os seres humanos e todas as coisas vivas têm uma fonte de iniciação que vem inteiramente de dentro do organismo. A teoria metapsicológica de Freud é determinista, mas sua teoria clínica a contradiz. *A Interpretação dos Sonhos* trata dos impulsos, desejos que não foram reconhecidos e, portanto, é central em sua forma de pensar que há, dentro da personalidade, uma faculdade que reconhece ou não reconhece, ou, para usar a linguagem que tenho usado, aceita ou não aceita. Mas o problema é que isso é aposto sobre um pano de fundo segundo o qual tal escolha não está disponível à personalidade. Isso obscurece o significado central da aceitação. A aceitação é uma faculdade na personalidade que transcende os estímulos internos e externos; os transcende e é imanente. É uma qualidade como o volume, que permeia a entidade material, mas não é tal entidade, então a transcende. A teoria de Freud, como foi elaborada em *A Interpretação dos Sonhos*, é que na vida dos sonhos está o começo de uma aceitação dos desejos e impulsos. O ato da aceitação unge a personalidade com liberdade. Se o estímulo, desejo ou impulso não é aceito, então o indivíduo fica prisioneiro dele. A aceitação é um ato que liberta. De onde provém a aceitação na personalidade?

Até agora usei a palavra "aceitar", mas ela não é adequada; carrega facilmente o tom de relutante resignação. O que se quer dizer com aceitação é uma criação daquilo que é. Significa que há um espírito interior que deseja aquilo que é. Há duas alternativas para o que é: aquilo que é pode ser odiado ou amado. O amor é criação. Aquilo que existe precisa ser criado. Pode ser criado ou incriado. Citarei um amigo meu que é pintor. Ele passou quarenta anos de sua vida adulta pesquisando apaixonadamente a natureza da luz e como transformá-la através do pigmento na tela, e aos sessenta

186 PRINCÍPIO TOTALMENTE INCLUSIVO

e oito anos ficou cego. Ficou totalmente cego, sem qualquer sinal de visão. Quando isso aconteceu, escrevi-lhe uma carta de solidariedade, cerca de um ano depois. Recebi a seguinte mensagem de volta:

Minha exposição foi incrivelmente bem, vendi todos os óleos, exceto dois, e diversos guaches. Foi certamente em parte por toda publicidade que consegui. Participei do programa Midweek, com Libby Purves, na Rádio 4, e a galeria recebeu doze consultas na primeira hora e meia após o programa. Acho que é bastante surpreendente que eu seja capaz de continuar pintando agora que estou completamente cego, mas agora que venho fazendo isso há um ano e meio, aceito o fato. O que é realmente maravilhoso para mim é o quanto meus companheiros pintores e o público comprador – abençoado seja – acham boas minhas novas pinturas, feitas após a cegueira. As pessoas de fato disseram que acham que essa foi minha melhor mostra até hoje, como pode ser? Depois que terminei os temas de Cadaques, tenho pintado Frances sentada em uma das duas cadeiras do meu estúdio, uma grande poltrona e uma daquelas cadeiras de plástico de jardim, onipresentes, que coloquei sobre uma mesa, de forma que olho para Frances de frente, e não de cima. Me posiciono bem perto, assim posso entender como ela está sentada pelo tato, mas também desenvolvi um sistema de medição, usando minha bengala branca para descobrir como ela se pareceria vista de onde estou. Então marco as posições na tela com pequenos pedaços de massa adesiva – no momento cerca de sessenta em uma pintura – para que eu saiba onde estou pelo tato. Uma das grandes inovações é que, já que não percebo luz ou cor, posso fazer as coisas da cor que eu quiser. Essas pinturas têm desenhos simples, mas muito mais coloridos, então em uma posso fazer a cadeira vermelha brilhante, e em outra, verde. Da mesma forma, o fundo pode ser de qualquer cor. Pinto Frances com uma cor natural e pinto suas roupas apenas com cores que ela usa, principalmente preto, portanto. Novamente, o engraçado é que as pessoas parecem pensar que essas pinturas são muito boas, e o pintor vivo que mais venero, Leon Kossoff, foi tão lisonjeiro que quase chorei. Então como você pode ver, Neville, as coisas estão indo muito bem, e definitivamente há vida após a cegueira, e uma vida boa e alegre.

Esse meu amigo aceitara o que lhe aconteceu. Ele se vê, e vê que agora está cego; é um fato científico. Ele então muda, e utiliza aquilo que está disponível a ele. Se o corpo for pensado como um conjunto de ferramentas de um trabalhador, ele vê o que está disponível a ele, e usa o que ali está. Não pode mais usar seus olhos, então agora usa o sentido do tato, suas mãos, com a bengala para medir, e assim por diante. Cito isto porque é um exemplo notável de aceitação. É fácil imaginar um caso paralelo em que um pintor ficou cego e tornou-se amargo. O ato de aceitação é uma criação. Mas de onde vem?

De alguma forma, de um jeito misterioso, particularmente misterioso para a mente científica moderna, há uma fonte de ação dentro do organismo vivo. Alguns neurocientistas chegam perto disso quando dizem que uma ação encontra sua origem no cérebro,

188 PRINCÍPIO TOTALMENTE INCLUSIVO

mas seria o cérebro o iniciador? Esses cientistas colocam o cérebro a serviço do impulso à sobrevivência. O impulso à sobrevivência é o que ajusta e impulsiona o cérebro. Aqui não há espaço para aceitação; não há espaço para a representação do que é. A aceitação, a representação do que é, indica que existe uma fonte que vem de dentro do organismo. Citei Blondel no Capítulo 4, onde ele diz que existe uma fonte de ação dentro do organismo que une causas e eventos díspares.

A questão então é: "Onde podemos localizar essa fonte de ação?". E a resposta é "No cérebro", e então, seguindo adiante, perguntamos "Mas em que lugar no cérebro?". Todos os neurocientistas dizem que as ações não podem ser localizadas em qualquer fator único no cérebro, mas surgem de uma cooperação unificada; no entanto, de onde elas vêm? Voltamos e dizemos que sua fonte está na luta pela sobrevivência?

O que é, contudo, "valor"? Quando alguém me diz que há um valor em fazer alguma coisa, estou sendo informado de que vale a pena fazê-lo. A diferença entre o "evitar" de Freud e o "valor" de Macmurray é que o instinto natural é evitar a dor e desfrutar do prazer. Isso não é algo que se decida fazer. É algo que alguém é levado a fazer; é um escravo passivo de um impulso. Macmurray aconselha o oposto disso quando diz: "A liberdade vale mais do que a felicidade; e é isso que reconhecemos quando honramos aqueles que estiveram dispostos a sacrificar a felicidade, e até mesmo sua própria vida, pela liberdade".

Há aqui uma implicação de um propósito maior, mas qual? E nessa afirmação subentende-se a opinião de que o ego é capaz de transcender o impulso instintivo. Como isso é possível? Significa que o que diferencia seres vivos de objetos inanimados é que nos primeiros há um princípio de ação inteiramente de dentro, enquanto nos últimos a origem da ação é inteiramente de fora do objeto. A bola de bilhar só se moverá quando atingida pelo taco ou por outra bola; a ameba, entretanto, irá se mover em direção a um petisco suculento; há uma fonte de ação dentro dela. Pode-se percorrer lentamente a árvore genealógica da vida, do organismo mais simples para o mais complexo, chegando por fim no *Homo sapiens sapiens*. Quando chegamos aos seres humanos, algo mais está presente: consciência. Normalmente, não estamos cientes das atividades reguladas pelo sistema nervoso autônomo, como respirar ou nossa pulsação, mas podemos nos tornar cientes delas. O budismo cultiva essa consciência, através da meditação, desses processos básicos da vida. A consciência registra o fato de que há algo no organismo que é separado dos próprios processos da vida.

A dor e o prazer são ocorrências sensoriais que atingem o organismo, às quais ele reage. Quando Freud introduz o estágio central do ego, ele indica que é como se fosse o gerente dos estímulos internos e externos, apresentando outra fonte de ação dentro da personalidade, dentro do planeta.

Mas a que nos referimos quando dizemos que algo tem valor? Alguém pode falar sobre uma experiência que tenha sido dolorosa, mas depois acrescentar que ainda assim teve valor. A pessoa pode dizer que ampliou sua compreensão, ou que foi útil para um amigo. O valor sempre aponta para algo que está além do sensorial, além do material, além do imediato. Indica que há um mundo mental cujos princípios governantes são diferentes da busca pelo prazer e fuga da dor, de Freud. Mas o que significa "além"? Tem que ser algo que está totalmente *no* que acontece, mas, ainda assim, não é a coisa. O volume está totalmente em uma sacola de plumas ou em uma barra de ouro, e é, no entanto, distinguível de ambos. Há um princípio que está completamente *no* evento humano, e ainda assim é separado dele. É doloroso ter um dente perfurado pelo

190 PRINCÍPIO TOTALMENTE INCLUSIVO

dentista, mas ainda assim tem valor. Estamos trazendo outra realidade pela qual fazemos esse julgamento. No caso da dor do dente perfurado, dizemos que vale a pena sofrer porque o dente não irá apodrecer. Falamos de um ato de generosidade que tem valor "em si mesmo". O que está implícito aqui é que não é em termos de uma recompensa. Um ato de generosidade tem valor mesmo se não for retribuído. O que significa "em si mesmo"? Precisa existir um algo em termos do qual uma ação é recomendada. Freud diz, faça a ação se levar ao prazer ou evitar a dor, mas o ato de generosidade que pode trazer dor é glorificado por ir contra o princípio hedonista. Existe, portanto, a inferência de que existem dois princípios que regem o comportamento humano: um deles é informado pelo que é satisfatório para o organismo; o outro satisfaz algum princípio externo a ele.

Há dois fatos que são certos. Um é a existência de um universo que simplesmente existe; o outro é que eu, o indivíduo, não existia em certo momento, e vim a existir em um momento definido da história. Esse universo, esse fato da existência, é algo que não tem causa. Ele apenas *é*. Quando falamos de um valor que existe em termos de algo além dos instintos de preservação da vida do organismo, estamos falando da existência que *é*, que não requer qualquer impulso para sobreviver. Sua existência apenas é, e é isso que é imanente no organismo e que dá sentido à palavra "valor".

11. Quando princípios totalmente inclusivos estão difusos

No Capítulo 6, escrevi sobre como o princípio totalmente inclusivo permeia uma série de elementos na personalidade. A questão é como localizar esse princípio quando está muito difuso. O luto é fácil de detectar quando está atrelado a um evento específico. Em um funeral, a esposa chora quando o caixão de seu marido é baixado na sepultura, seu local final de repouso. Mas digamos que o luto esteja relacionado à mãe de Natalie ter ficado deprimida após dar à luz. A depressão significa, nesse caso, que a mãe estava fisicamente presente, mas seu espírito estava ausente após o nascimento de Natalie. A perda do espírito de sua mãe causou o luto, como a mulher cujo marido estava sendo sepultado. O luto de Natalie é intenso, mas não pode ser ligado ao evento que o estimulou, ficando difuso na personalidade. Digo que *não pode* ser ligado, mas isso não está exatamente certo. É ligado com dificuldade. Os dois exemplos anteriores ilustram o assunto. No caso da esposa que chora quando o caixão do marido é baixado na sepultura,

192 QUANDO PRINCÍPIOS TOTALMENTE INCLUSIVOS ESTÃO DIFUSOS

existe uma conexão interna entre ela e o que está acontecendo. É também possível que ocorra para Natalie essa conexão interna. Seria necessário que ela sentisse algum aspecto em sua personalidade e percebesse, de modo vivo, a conexão com sua mãe ausente. Digamos que ela sempre tenha querido ser amada pelo irmão, mas sabia que isso não ocorria. Ela sente a ausência do irmão, e percebe, de repente, que o sentimento de anseio pelo irmão está pré-datado em um anseio pelo amor de sua mãe. Ocorre um momento de iluminação que esclarece diversos caminhos em sua vida. Penso que era algo assim que Bion tentava descrever ao usar o termo *fato selecionado*, quando disse: "O fato selecionado é o nome de uma experiência emocional, a experiência emocional de um sentido de descoberta de coerência" (1962, p. 73). *Coerência* é a palavra crucial aqui. No anseio de Natalie pelo irmão, em dado momento se ilumina um caminho de anseio similar, levando à sua mãe. É o anseio como princípio que recebe sua coloração essencial a partir da sua relação com a mãe. Naquele momento, saber que sua mãe ficou deprimida após seu nascimento deixa de ser um fato prático, como a existência da Estátua da Liberdade na entrada de Nova York, ou que a Batalha de Waterloo foi travada em 1815. Ao invés disso, essa inclinação conhecida como "anseio" torna-se plena de significação pessoal.

De fato, o pesar enquanto emoção recebe o caráter de luto por sua relação com o evento incitador. A frase "pesar como emoção" significa um objeto que se comunica e é registrado como um estado que é chamado de "luto". O filósofo russo Vladimir Solovyov ensinou que o caráter ético de uma ação é moldado pelo objeto ao qual a ação tende: "a qualidade de ser virtuoso ou perverso depende de certa relação com o objeto, e não da natureza psicológica das condições emocionais e volitivas" (1918, p. 96). O que ele diz eticamente também é assim emocionalmente. As palavras cruciais aqui são "certa relação com". Essa "relação com" é o que é conhecido como uma emoção. Há o "relacionar-se com" que é uma ação, mas não uma ação motora. Não é uma atividade material, visível, mensurável. É a atividade invisível que passa entre um ser humano e outro. Essa atividade recebe sua coloração pelo modo como a ação ocorre. "Anseio" é uma coloração; "lembrar-se" é outra, e assim por diante. O luto é bom ou ruim? Isso, como foi observado no capítulo anterior, depende do que é presumido. Pelo princípio hedonista de Freud, é ruim, mas pelo princípio de Macmurray, é bom, mas por quê? É doloroso, mas alcança uma finalidade boa. O bom é transformar um evento externo em uma posse interna. Isso é feito pelo trabalho de um princípio criativo interno.

Até que um evento seja "localizado", ele não pode ser nomeado; tanto pode ser tristeza quanto decepção. Depende de sua coloração específica sobre o objeto e da relação com o objeto. É a qualidade dessa relação interna que altera o objeto e é alterada pelo objeto. Há uma inter-relação entre os dois que nunca é a mesma para duas pessoas diferentes. Um exemplo é a forma como dois artistas diferentes representam a mesma cena. Uma pintura de Veneza feita por Canaletto é muito diferente de uma pintada por um impressionista. Uma coisa não pode ser nomeada até tornar-se diferenciada. O luto ainda não se tornou luto até que tenha se separado e se diferenciado de decepção e humilhação. Esses três formam uma massa agregada até que sejam diferenciados. Água não é gelo; torna-se gelo ao atingir certa temperatura. Uma disposição difusa poderia ser descrita como melancolia, mas o princípio particular pode ser decepção, humilhação, desespero ou frustração. O que encontramos no consultório é um estado emocional que não é facilmente definido, mas que permeia todo o comportamento do indivíduo. É uma disposição.

194 QUANDO PRINCÍPIOS TOTALMENTE INCLUSIVOS ESTÃO DIFUSOS

Sempre que encontro Antoinette ela reclama da forma como as pessoas a tratam. Sua amiga, Ágata, combinou um almoço com ela na terça-feira, mas ligou para desmarcar, dizendo que não estava bem; depois Antoinette ficou sabendo que Ágata estava muito bem, e tinha ido assistir a um filme naquele dia. Stanley contou a Antoinette sobre um cruzeiro que fizera pelo Caribe e que custara $ 15.000, e perguntou por que ela não fazia esse cruzeiro – poderia animá-la, mas Stanley sabia que ela não tinha essa quantia para gastar. Ela chegou para a cirurgia na hora marcada, mas o médico se esquecera do compromisso e já tinha ido embora. Ela me contou desses incidentes um após o outro, e todas as vezes que eu a via, ela me contava de mais eventos como esses. Qual era a disposição subjacente aqui? Eu chamaria de disposição *tratada injustamente*. Um psiquiatra pode chamá-la de depressão. Essa disposição *tratada injustamente* permeia todas suas atividades. O estado *tratada injustamente* era um agregado, e suas partes componentes – luto, decepção, desespero – ainda não tinham se tornado tais. A diferenciação e ser a fonte da ação se complementam. A vitimização e a agregação de partes são parceiras entre si. Uma instituição é sempre vítima, nunca a fonte da ação. Uma pessoa é a fonte da ação, nunca vítima.

Não são só estados emocionais que se solidificam em bloco, mas também diferenças de tempo e local. Então, por exemplo, o consultório do analista e sua própria casa estavam amalgamados em sua mente, assim como diferentes momentos do dia. Parece que estados emocionais, lugares e horas tornam-se agregados. As forças principais aqui são os estados emocionais que, como um substrato, também administram as horas e lugares. Elas também se tornam amalgamadas, e isso ocorre porque a emoção está na origem da personalidade. A emoção é o vínculo que faz a conexão entre pessoas, e essa é a pedra fundamental; é isso que faz a comunidade humana. Diferentes classes de pessoas também se solidificam em um corpo quando o substrato emocional permanece indiferenciado. O que precisamos nos perguntar é: "O que permite a diferenciação?".

Uma relação que é inteiramente pessoal, que caracteriza essas duas pessoas e sua relação uma com a outra, e que é diferente de qualquer outra, é o catalisador que introduz a diferenciação das emoções dentro da personalidade. O modo externo de uma pessoa se relacionar com outra é reflexo do modo de inter-relação entre as partes internas. Essa expressão, contudo, não está certa. Não existe modo externo de relacionar-se. Existe uma ligação de um com o outro pelos sentidos, mas isso não é relacionar-se, e sim uma fixação de um ao outro, como colar um pedaço de madeira a outro. Uma junção pelos sentidos é como-cola. O toque é o principal modo de ligação dos sentidos, que rege visão e audição. A visão e a audição sensoriais são uma forma estendida de tocar. Uma pessoa *relacionando-se* à outra é um processo inteiramente diferente. Deve-se postular primeiro que existe uma realidade de que ambas participam. Existem alguns acontecimentos nucleares que são comuns a toda humanidade. Cada ser humano nasceu, cada ser humano foi totalmente dependente de outra pessoa por um período de sua vida, cada indivíduo precisou de outro para trazer seus potenciais à tona, cada indivíduo irá morrer e tem conhecimento disso, cada indivíduo já experimentou perda, cada indivíduo já conheceu humilhação. Esses eventos da vida existem em uma de duas formas: eles existem permanecendo incriados, ou passam por um processo criativo. Esse processo criativo ocorre através de uma relação com o outro. Os dois são uma atividade. Não é que a relação entre duas pessoas cause criatividade, ou que a criatividade leve ao relacionamento. É uma coisa vista por dois ângulos diferentes. Os dividimos nas categorias "interpessoal" e "intrapsíquica",

196 QUANDO PRINCÍPIOS TOTALMENTE INCLUSIVOS ESTÃO DIFUSOS

mas são dois ângulos diferentes de uma realidade. Foi por isso que escrevi que o "modo externo" de relacionamento não está correto. O interpessoal e o intrapsíquico são ambos internos. As experiências internas nucleares não ficam confinadas dentro da circunferência do que chamamos de "o indivíduo". São universais e, portanto, existem em cada ser humano, em qualquer parte do mundo e em qualquer época da história. São também os "elementos relacionados" dentro do indivíduo. Assim como um indivíduo pode estar ligado a outro ou relacionar-se com outro, também uma parte pode estar ligada a outra dentro da personalidade ou em relação. A questão é saber se o modo de se relacionar é mais forte do que o modo de ligação.

Através de uma relação que é pessoal entre analista e paciente, o estado emocional difuso torna-se mais e mais focado. Na medida em que o foco se torna cada vez mais centrado em seu alvo, a emoção torna-se menos difusa e mais definida. Um estado generalizado conhecido como depressão elucida-se como sendo luto. Poderia ter sido esclarecido como sendo decepção ou humilhação, ou uma combinação dos três, que agora estão separados. É o estímulo originador que dá a definição específica à emoção.

Dessa forma, a perda de uma figura significativa gera o sentimento de tristeza; a perda de algo muito desejado gera decepção, a perda da esperança gera desespero. Existem outros aspectos específicos os quais, até que sejam localizados, geram melancolia. A essência da melancolia é tratar-se de uma disposição de ânimo cujo estímulo é desconhecido. Freud descreveu isso claramente em *Mourning and Melancholia* (1917e).

As grandes incógnitas são funções não desenvolvidas. Considere o seguinte:

Capacidade de sentir
Imaginação
Memória
Sexualidade
Capacidade de abstrair
Conhecimento da existência
Capacidade de se relacionar (cordão de comunicação)
Capacidade de conversar
Capacidade de pensar
Capacidade de unificar.

Com frequência pensamos que esses elementos são tão básicos para compor um ser humano que não consideramos que podem estar ausentes, ou existir em uma condição muito subdesenvolvida. É assim em relação à capacidade de sentir pelo outro. Estamos muito conscientes de que alguém pode ser fisicamente cego, mas não tão conscientes de que alguém pode ser cego à presença de outras pessoas no mundo, pode ser cego à sua própria existência.

Existe um tipo de consciência dupla que torna particularmente difícil para nós perceber uma cegueira desse tipo. Existe conhecimento que vem pelos sentidos. Sei que tenho um compromisso com o Dr. Camilo na terça-feira às três horas, na 99 Resistance Road, em Sydney, no bairro Breakdown, mas emocionalmente ele não existe. Existem aqui duas fontes de informações: uma pelos sentidos e a outra pela intuição. As palavras "Dr. Camilo, terça--feira, três horas" são percebidas pelos sentidos e transcritas pelos sentidos. O diário em que essas palavras estão escritas também é um objeto acolhido pelos sentidos. Sua existência como pessoa separada de mim é acolhida pela intuição. A intuição é um ato criativo. Eu crio o outro. Isso precisa de mais elaboração.

198 QUANDO PRINCÍPIOS TOTALMENTE INCLUSIVOS ESTÃO DIFUSOS

A realidade do ser é conhecida por um ato pessoal, por um ato criativo. Não consigo ensiná-la para alguém. Da mesma forma que a gravidade existia antes de Newton, assim também o ser existe, mas não é conhecido pela mente humana até ser apreendido. Penso que é a isso que Wilfred Bion se refere quando diz:

> *Se existe uma coisa-em-si, coisa que Kant chamaria* noumenon, *tudo o que podemos saber refere-se a fenômenos. Quando as* noumena, *as coisas-em-si, evoluem ao ponto de encontrar um objeto o qual podemos chamar uma mente humana, passa a existir o âmbito dos fenômenos. (1974, p. 41)*

Ele o expressa passivamente: "o *noumenon* [...] evolui a ponto de encontrar um objeto o qual podemos chamar uma mente humana". Mas a mente humana não é um recipiente passivo.

Sim, o *noumenon* pode evoluir no sentido da mente, mas a mente também evolui. Mas precisamos absorver a ideia de que o mundo, incluindo o *self*, é uma massa congelada. Paradoxalmente, é o ato criativo que separa. Digo "paradoxalmente" porque o ato criativo apreende a totalidade do ser, mas, e isso é misterioso, o ato criativo captura o princípio, e somente desse ato a variedade individual flui. O Um e o Vários sempre foi e sempre será um enigma filosófico. Spinoza, cuja filosofia baseava-se em Substância ou Deus, como ele chamava, não pôde explicar a variedade. Introduziu a ideia de "modos" dessa Substância, mas como são possíveis essas diferenças a partir dessa unidade? Todavia, é assim. Conhecemos a variedade através dos sentidos; conhecemos a unidade através de uma ação do intelecto. Mas o ponto que quero salientar é que esta última é uma ação totalmente pessoal. Pode-se ensinar ao aluno sobre esta árvore, aquele porco-espinho, esta casa, aquele curso de água, mas não se pode ensinar sobre a unidade, não se pode ensinar sobre a Substância. Isso precisa ser apreendido por um ato de compreensão. A fonte desse ato está inteiramente na pessoa. Isso porque a pessoa é a Substância. A Substância conhece a si mesma. A Substância é o intelecto. O intelecto é a Substância se conhecendo. Bion salientou a necessidade de suprimir memória e desejo, mas é mais do que isso. É a supressão da experiência sensorial, da qual memória e desejo são expressões particulares. Quando tenho um ato de compreensão, é uma ocorrência da Substância conhecendo-se. Memória e desejo ficam no caminho disso, mas também a autoafirmação. Trata-se de uma afirmação de si mesmo contra a Substância. É uma cegueira da Substância. Tira o foco da unicidade das coisas. A ideia religiosa da morte para o *self* é uma precondição para um ato de compreensão. Mas isso é porque a Substância só pode vir a ser se o foco da atenção estiver sobre ela. E é *nisso* que o *self* e o outro têm seu verdadeiro ser. Mas nessa apreensão pessoal está contida a "alteridade" do outro. Por essas lentes, somos capazes de ver o outro como ele é, e não como "deveria" ser. Esse "dever" vem de uma falha do ato pessoal.

Quero elaborar isso um pouco mais: existem duas verdades das quais estou completamente certo. A primeira é que existe um universo – tão vasto que visualizá-lo está além da capacidade de nossa imaginação. Atravessar nossa própria galáxia, que é apenas uma entre milhões, sim, apenas para atravessar de uma ponta à outra da nossa própria galáxia levaria 60.000 anos luz. Algo tão vasto que é incompreensível e, no entanto, é apenas uma das centenas de bilhões de galáxias rodopiando na vastidão do espaço. Lembro-me de um amigo filósofo dizendo que algumas vezes acordava à noite e imaginava-se indo em uma espaçonave até o fim do universo, e lá encontrando um muro alto, que ele escalaria e para além do qual olharia, mas do outro lado não havia nada: nada, mas ele continuava vendo a sombra de algo. A imaginação é de algo, então é um instrumento inútil quando se trata de ausência. Um autor favorito da minha juventude era G. K. Chesterton, e ele entendia isso bem:

> *A imaginação deve trabalhar em direção ao infinito; embora nesse sentido o infinito seja o oposto da imaginação. Pois a imaginação lida com uma imagem. E uma imagem é, em sua natureza, uma coisa que tem um contorno e, portanto, um limite. (1938, p. 107)*

A mente não pode representar uma ausência – sempre há, como diz meu amigo filósofo, "a sombra de algo". A representação é de uma coisa e, portanto, é confusa quando se trata de uma "não coisa". Como a mente contorna, então, essa dificuldade? Ela molda um monstro. O superego selvagem é tal monstro. O monstro então me diz: "Veja, você é inútil, você não tem jeito, você não merece existir". Isso ocorre porque é um instrumento bruto, sem qualquer capacidade de diferenciar.

E é muito impopular se alguém vem até mim e diz: "Sabe, Neville, você não tem capacidade de pensar", ou "Você não tem capacidade de imaginar", ou "Você não tem capacidade de se condoer por alguém". Não gosto disso. Fico um tanto envergonhado, no entanto é necessário tentar isolar a função que é subdesenvolvida e falar sobre ela. Isso requer habilidade e cuidado devido à vergonha. Minha experiência diz que se isso puder acontecer e a função começar a se desenvolver, o monstro começa a diminuir e a personalidade começa a se sentir melhor em relação a si mesma. É só então, penso eu, quando as funções básicas estão funcionando razoavelmente bem, que é possível, em um ato criativo, trazê-las para uma unidade. Elas não podem ser trazidas para uma unidade enquanto houve uma função subdesenvolvida. E quanto à consciência, existe no momento muita literatura de físicos, neurocientistas, psicólogos, sociólogos, outros cientistas – todos querem falar sobre consciência. Pode ser simplista, mas penso que consciência é essa unidade. Consciência é quando essa unidade está presente.

Acontecimentos acidentais, encontros casuais – esses são grandes atores no palco humano, mas nós humanos não gostamos de pensar que nós, essa importante espécie, podemos ser vítimas de mero acaso. Interpretamos intencionalidade em eventos que não o merecem. Henri Bergson, que mencionei como influência no Capítulo 1, faz uma declaração interessante:

> Os exemplos extremamente variados de "mentalidade primitiva" que M. Lèvy-Bruhl reuniu em suas obras podem ser agrupados sob certo número de títulos. Os mais numerosos são aqueles que mostram, segundo o autor, que o homem primitivo se recusa obstinadamente a admitir a existência do acaso. Se cai uma pedra e esmaga um transeunte, foi um espírito mal que a deslocou: não há qualquer acaso nisso. Se um homem é arrastado para fora de sua canoa por um jacaré, é porque estava enfeitiçado: não há qualquer acaso nisso. Se um guerreiro é morto ou ferido pelo golpe de uma lança, é porque estava em um estado que o impedia de desviar do golpe, pois um feitiço caíra sobre ele: não há qualquer acaso nisso... se você censura o homem primitivo por não acreditar no acaso... você tem certeza de não estar reincidindo naquela mentalidade primitiva que você critica... Uma enorme telha, arrancada pelo vento, cai e mata um transeunte.

> *Dizemos que foi acaso. Poderíamos dizer o mesmo se a telha tivesse simplesmente caído no chão? (1935, p. 123)*

Wilfred Bion, do seu modo característico, disse em uma ocasião que não tínhamos ainda nos recuperado da Batalha de Maratona. A Batalha de Maratona ocorreu há 2.500 anos. O que quero salientar aqui é que, mesmo quando há um evento acidental, ele acaba dotado, como diz Bergson, de intencionalidade humana, mas isso acontece ainda mais quando o evento está sendo retransmitido através da mediação de seres humanos.

É apenas meu próprio pensamento emocional que atravessa a barreira tirânica e atinge a pessoalidade encravada dentro do espartilho de aço de um superego tirano. Tive a sorte, no início de minha carreira como psicanalista, de encontrar um paciente que me ensinou isso. Uma ou duas vezes ele me disse, "É isso que você pensa ou é o que aprendeu a pensar?". Citarei um exemplo intrigante de Marion Milner:

> *depois de muitos anos escrevendo, finalmente encontrei, para me ensinar, pessoas que viam que a essência da pintura é que cada marca no papel deveria ser da própria pessoa, proveniente da unicidade de sua estrutura psicofísica e experiência, não uma cópia mecânica do modelo, embora habilidosa. Mostrei por acaso este livro a um pintor, que, ao virar as páginas para olhar os desenhos, disse, "Este aqui não é você, nem aquele, nem esse, são cópias inconscientes de alguma pintura que você viu." Eu mesma tinha reconhecido na Sra. Punch a óbvia derivação da Duquesa de As Aventuras de Alice no País das Maravilhas, tal como que a cadeira em*

Nursery era derivada de van Gogh; e também que o desenho de Blasting Witch era uma cópia inconsciente bastante próxima de uma pintura que eu sempre via na sala de um amigo. Mas o pintor nunca tinha visto essa pintura do meu amigo, e para mim foi uma surpresa que alguém pudesse saber, sem nunca ter visto a "cópia", que a linha do desenho não era minha, nem proveniente da minha própria estrutura psicofísica. Sobre a linha ondulada no canto superior esquerdo de The eagle and the Cave-man, *ele disse: "Este é bom, este é seu; mas o sombreamento não, é afetado, banal". O ponto de vista sugerido por essas críticas confirmou minha crescente convicção de que uma obra de arte, qualquer que seja seu conteúdo, ou tema, seja uma cena ou objeto reconhecível ou um padrão abstrato, deve ser uma exteriorização, através de suas formas, linhas e cores, do ritmo psicofísico único da pessoa que a fez. Caso contrário, não terá qualquer vida, pois não há outra fonte de vida. (1987, p. 230)*

Penso que essas funções ganham vida pelo amor e reconhecimento delas pela mãe. A mãe que é diferenciada em suas próprias funções é capaz de reconhecer os dons específicos de cada um de seus filhos.

O que o analista precisa fazer para gerar essa transformação? O que em seu modo de ser em relação ao paciente permite isso? Há um sentido aqui de que o indivíduo precisa encontrar a origem do estímulo. Isso significa que está lá, mas precisa ser descoberto. Mas já observamos que não está realmente lá até que tenha entrado em contato com o objeto de estímulo. Mas como isso é possível? A emoção de Natalie está nesse estado difuso, e o objeto de

204   QUANDO PRINCÍPIOS TOTALMENTE INCLUSIVOS ESTÃO DIFUSOS

estímulo não está presente. Mas agora ela está em relação com alguém. Ele refere-se a si mesmo como psicanalista. Está envolvido em um processo de três estágios: participação, observação e criação. Esses três estão interconectados.

O núcleo da vida é transformativo. Foi assim que a evolução aconteceu. Por isso salientei no Capítulo 8 a necessidade de incorporar Lamarck no nosso pensamento sobre evolução. Dessa forma, por exemplo, o pareamento de uma mutação aleatória dentro do organismo com o impulso para a sobrevivência está no cerne da concepção de Darwin. A mutação aleatória emparelha-se com um fator favorecido pelo ambiente. São, assim, dois fatores aleatórios emparelhados em benefício do organismo. Não há instrumento de transformação nesse modelo. No entanto, Lamarck acreditava que a vida em sua essência era transformativa, e assim apareciam novas espécies; que existe uma aprendizagem inteligente ocorrendo em um organismo individual, e que isso pode ter passado do *soma* para o conjunto de genes.

A resposta, percebemos, encontra-se parcialmente em nossa definição de pessoa: que a pessoa, ao contrário do indivíduo, é uma organização com um princípio central que une o todo em uma unidade. A unidade em um é convidativa no outro. É como diz Bonhoeffer: "o chamado da existência humana para sua própria unicidade" (1970, p. 242).

A pessoalidade em um convida o outro para a pessoalidade. Essa unidade em um estimula o desejo no outro.

Participação

Há uma realidade na qual analista e paciente participam. É a realidade a que Bion se referiu como "O". Caso contrário, eles não poderiam estar em relação um com o outro. Bion define O da seguinte forma: "Vou usar o símbolo O para marcar aquilo que é a realidade última, representada por termos como realidade última, verdade absoluta, a divindade, o infinito, a coisa-em-si" (1970, p. 26). Como analista e paciente participam dessa realidade, eles estão em relação um com o outro. Essa realidade na qual ambos participam não é compreendida pelos sentidos. Como diz Tolstói: "A consciência mais fundamental do ser não é recebida pelos sentidos, pois não há qualquer órgão especial que transmita essa consciência" (1986, p. 37).

É apreendido pelo que Aquino chamou de ato do intelecto e que Bion chamou de intuição. É também aquilo a que Picasso se referia como "olho interno" (Penrose, 1971, pp. 91-92). Isso já foi mencionado no Capítulo 1, e novamente no Capítulo 4. Picasso localiza essa unidade no ponto de junção entre a percepção sensorial e as regiões mais profundas da mente. Enquanto Platão localizava a essência do ser humano na alma, Aquino a localizava na junção entre mente e corpo, como Picasso. Aquino chega a isso pela sua fé cristã ligada à filosofia de Aristóteles, mas Picasso chega a isso pela sua própria experiência de observação artística.

É a realidade de O que possibilita um relacionamento. Klauber salientou que o relacionamento é negligenciado no discurso psicanalítico: "O aspecto mais negligenciado da relação psicanalítica ainda me parece ser o fato de que ela é um relacionamento" (1981, p. 46).

O paciente está, então, em relação com o analista. Um relacionamento é uma conexão existente entre duas pessoas. O analista como objeto de estímulo localiza o que é difuso, de forma que depressão pode tornar-se luto (ou decepção, ou desespero). Pode ser nomeado quando assume uma forma.

206 QUANDO PRINCÍPIOS TOTALMENTE INCLUSIVOS ESTÃO DIFUSOS

Aqui a inferência é que o relacionamento é capaz de transformar o difuso em uma forma definida. Quando tem uma forma, pode ser nomeado. Uma nomeação prematura pode esmagar a forma emergente. Para que haja um relacionamento, a primeira tarefa do analista é se definir. Para que a difusão no paciente possa assumir uma forma, o analista precisa ter sua própria forma, em torno da qual ou em relação à qual uma forma pode começar a desenvolver-se no paciente. Ela desenvolve-se também no analista.

O relacionamento é algo que acontece quando duas pessoas habitam o mesmo espaço localizado: o correlato humano de atração gravitacional que existe entre quaisquer dois objetos físicos.

Observação

A tarefa do analista, então, é observar "instâncias de similaridade" que surjam na comunicação. Ora, um princípio importante precisa ser invocado aqui: que o que existe precisa ser criado. É que, embora algo esteja lá, ainda assim precisa ser criado para que seja encontrado. Quando Issac Newton descobriu a gravidade, isso foi um ato criativo. Ele o criou, ainda que já estivesse lá. De forma similar, um luto que está na personalidade precisa ser criado. Essa criação só pode ocorrer através de uma relação com outro, que é pessoal. Algo pode ser criado em mim através da mediação criativa do outro. Como isso pode ocorrer?

Epílogo

A moradia do "isto", o incriado, a não pessoa, é a instituição. Instituições são feitas de "istos" – elementos incriados. As instituições incorporam regras e regulamentos, formulados por comitês, na esperança de que o espírito que iniciou um movimento de pensamento seja mantido por sucessivas gerações, ainda que frequentemente os mantenedores de instituições não tenham o espírito do fundador, mas sim a ingestão de uma série de regulamentos impessoais. O profundo pensador russo Vladimir Solovyov, que não era de forma alguma um cínico, disse: "Instituições que deveriam servir ao bem da humanidade podem de certa forma desviar-se de seus propósitos, ou mesmo ser totalmente desleais a eles" (1918, p. 177). É por isso que pessoas com estrutura neurótica obsessiva se sentem em casa em uma instituição. A neurose obsessiva é a instituição sem alma dentro do caráter do indivíduo. Assim, essa personificação existe fora e dentro do indivíduo, e esmaga o princípio criativo no cerne da personalidade. O indivíduo pode ser eficiente e leal à instituição, mas aquilo a que deveria servir, ao invés disso

208   EPÍLOGO

sufoca a vida na pessoa. Usando uma analogia do sistema nervoso central, podemos dizer que o pessoal, o princípio criativo, está situado no *cérebro velho*, e o grupo institucional, no *cérebro novo*.

A instituição compreende tudo em nosso mundo que precede o nascimento desse indivíduo: linguagem, cidades, bancos, museus, meios de transporte, conhecimentos científicos, são todos componentes do empreendimento organizacional. O último envolve todas as descobertas em astronomia, evolução e medicina, e os princípios que regem os movimentos dos corpos, tais como gravidade, genética e assim por diante. Somos todos criaturas de um mundo em que esses conhecimentos acumulados existem como fatos. Esse é o mundo institucional em que nascemos e que encontra, através da aprendizagem, uma moradia nas camadas externas de nossas mentes. Esses fatos, entretanto, nunca são corretos. Como nos ensina a história da descoberta científica, algo que foi ensinado como um fato definitivo é anulado pelo *insight* criativo dos futuros cientistas. Então, por exemplo, Copérnico substituiu o sistema ptolomaico com seu *insight* pessoal. Assim também Lavoisier substituiu a teoria do flogisto, e assim por diante.

Esses fatos institucionais estabelecidos estão unidos interiormente com intensidade. É tal união intensa que molda essa realidade naquilo que o discurso analítico nomeou superego. Isso foi descrito primeiramente por Freud, tendo sido desenvolvido por Melanie Klein, e recebeu amplitude institucional por Talcott Parsons.

Violet Bonham Carter, escrevendo sobre Churchill, que ela acreditava ser um gênio, disse:

> *Também senti que o impacto da vida, ideias e até mesmo palavras em sua mente não eram apenas vívidos e imediatos, mas diretos. Entre eles não havia o amorte-*

cimento de pensamentos vicários ou compilações precedentes de livros ou outras mentes. Sua relação com todas as experiências era direta. (1966, pp. 16-17)

O mesmo foi dito sobre outros gênios. A. N. Wilson, em sua biografia de 1988 sobre Tolstói, escreveu que ele possuía uma hipersensibilidade em relação ao seu meio, que é outra forma de dizer a mesma coisa. O gênio também frequentemente recomendará aos outros que entrem em contato direto com suas próprias experiências. Kant costumava estimular seus alunos a pensarem por si mesmos. Quando Buda estava morrendo, disse aos seus discípulos para não confiarem no que ele havia dito, e sim testar as coisas por si mesmos. Bion (1961) também salientou a primazia da própria experiência, e mais, acreditava que existe em nós um ódio à experiência. Freud (1912e) também tem a mesma opinião. Há uma relutância violenta a entrar em contato direto com a própria experiência. Está sendo feita aqui uma diferenciação entre experiência direta em oposição à ilusão, que é indireta. O que queremos dizer com ilusão, que é indireta? Violet Bonham Carter (1966) dá a dica quando se refere a "pensamentos vicários". Ela infere também que isso dá ao indivíduo uma barreira protetora – "não havia amortecedor" em seu gênio preferido.

Como posso então me envolver com esse escudo protetor? Posso tanto pegar o pensamento do outro e me camuflar dentro dele ou me impelir em direção a ele. Há duas questões aqui: por quê? E, também, como?

Estar em contato direto com a experiência condena a pessoa a uma vida de sublime alegria e angústia interna, mas é uma prova dolorosa para qualquer indivíduo. Também pressiona a pessoa a constantemente reorganizar o modelo interno de sua existência. Há

210 EPÍLOGO

uma corrente de pensamento na literatura psicanalítica que propõe a noção de que o que se busca é o *equilíbrio*. Isso é endossado por aquilo a que Freud, seguindo Fechner (ver Ellenberger, 1970), se referiu como *princípio de constância*, depois conhecido como *princípio homeostático*, conforme formulado por W. B. Cannon (ver Hilgard & Atkinson, 1967). Essa é uma recomendação para evitar o gênio. Gênios como Shakespeare, Raphael, Copérnico, Isaac Newton, Pasteur, Tolstói, Gandhi, Churchill, Darwin, Marx, Freud ou Bion permitiram que a genialidade aflorasse plenamente dentro deles. Nós, mortais inferiores, não conseguimos lidar com esse grau de intensidade em nossas estruturas fracas, mas podemos cuidar da planta delicada que há dentro de nós. É isso que Kant recomenda aos seus alunos. Ele não prescreve *estabilidade* ou *equilíbrio*. O gênio dedica-se à verdade, que é sempre portadora de *desconforto, desequilíbrio, desestabilidade*. Evitamos o gênio dentro de nós porque prenuncia *desconforto*. Acho que é por isso que nos impulsionamos ao pensamento do outro e abraçamos o aprendizado. É como uma manta que embrulhamos ao nosso redor e que nos dá *conforto* e *equilíbrio*, mas por que acontece assim? É porque o gênio confrontou a vida *diretamente*, e nós, seus discípulos, o seguimos. Tolstói disse uma vez sobre alguém que foi visitá-lo: "Ele é um Tolstoiniano, um homem com convicções totalmente diferentes das minhas" (Wilson, 1988, p. 452). Ele quis dizer, acredito, que enquanto o próprio Tolstói acreditava em conectar-se diretamente com a vida, seu visitante seguia o que Tolstói dizia e fazia.

Acredito que este é o *porquê* fazemos isso, mas a questão é como. Existem dois modos de projeção. Primeiro, o modo pelo qual projeto uma parte de mim em um receptáculo adequado, e segundo, o modo pelo qual projeto todo meu *self*, ou meu *self* central, para usar o termo de Fairbairn, em um repositório adequado. Isso é bem expresso através de Vernon, personagem de *O egoísta*, de George Meredith: "Vernon voltou-se dos retratos para um peixe empalhado em uma caixa de vidro, e encontrou refúgio ao encher-se de simpatia pelo peixe" (1919, p. 270).

George Meredith claramente sabe como alguém pode refugiar-se ao "encher-se de simpatia por". Nesse caso, foi um peixe empalhado. Penso que George Meredith sabia intuitivamente que Vernon podia "encher-se de simpatia por" um peixe empalhado, o que não teria sido possível com um retrato. É possível simpatizar com um peixe, um peixe tridimensional, ainda que empalhado, porque o homem e o peixe compartilham da qualidade tridimensional. Penso que essa noção de "encher-se de simpatia por" aproxima-se do *como*. É impossível pensar em se projetar em algo que não tenha substância equivalente consigo mesmo. Henri Bergson descreveu a maneira como existe compaixão entre substâncias vivas. No entanto, concordar com tal ponto de vista requer que se pense no *self* como uma entidade fluida. Nossa tendência é pensar em nós mesmos como algo sólido, mas essa ideia de compaixão sugere que esse outro objeto e eu mesmo compartilhamos uma substância. Uma vez que existe uma substância compartilhada, pode haver troca.

Mas qual é a situação em que não me projetei em algo que age como uma manta protetora? Quando não existe amortecedor entre a realidade em si e eu? Penso que aqui precisamos postular que existem dois modos de ação – descarga e aceitação. A descarga leva ao empobrecimento da mente, enquanto a aceitação – e isso quer dizer aceitação dos movimentos em mutação das placas tectônicas internas – enriquece a capacidade de olhar diretamente para o mundo ao redor.

No Capítulo 8, afirmei que voltaria à questão da evolução do cérebro até o ponto em que pudesse permitir que a mente tivesse *rêverie* ou representasse. Freud teve a ideia da atenção

212 EPÍLOGO

livremente flutuante, e Bion teve a ideia de *rêverie*, que são similares, e a ideia de que a mãe processa a ansiedade vinda do bebê, a transforma e devolve em um formato aceitável. Não tenho queixas a esse respeito, mas penso que a contemplação é algo um pouco mais profundo do que isso. Se pensamos em uma mãe com sua criança, ela está contemplando seu bebê, e esse ato contemplativo envolve o mundo todo, do qual esse bebê é uma parte viva. Dessa forma, contemplação é mais ativa do que atenção livremente flutuante ou *rêverie*. Contemplação é a meta, para a qual a meditação é a preparação; como a relação sexual é a meta para a qual as preliminares são a preparação. O ato contemplativo estende-se de uma pessoa para a outra. Vai do centro para o centro, penetrando diretamente de fora. Eis porque a relação sexual é uma analogia adequada para a maneira como uma pessoa interpenetra a outra. Essa analogia da relação sexual seria agradável a Freud. E aqui terminamos.

Referências

Aries, P. (1960). *Centuries of Childhood.* London: Penguin, 1962.

Aristotle. *Ethics.* Book 8 Ch. 5. London: Penguin, 1955.

Balkanyi, C. (1964). On verbalization. *International Journal of Psychoanalysis,45*: 64–74.

Bergson, H. (1911). *Creative Evolution.* London: Macmillan, 1919.

Bergson, H. (1935). *The Two Sources of Morality and Religion.* London: Macmillan.

Berlin, I. (1979). Against the current. In: *Vico's Concept of Knowledge.* London: Hogarth.

Bick, E. (1986). Further considerations on the function of the skin in early object relations. In: A. Briggs (Ed.), *Surviving Space—Papers on Infant Observation.* London: Karnac, 2002.

Bion, W. R. (1961). *Experiences in Groups.* London: Tavistock.

Bion, W. R. (1962). *Learning from Experience.* London: Karnac, 1984.

214 REFERÊNCIAS

Bion, W. R. (1963). *Elements of Psychoanalysis*. London: Karnac, 1989.

Bion, W. R. (1970). *Attention and Interpretation*. London: Tavistock.

Bion, W. R. (1974). *Bion's Brazilian Lectures, vol. 1*. Rio de Janeiro: Imago.

Birch, C. (1995). *Feelings*. Sydney: University of New South Wales Press.

Bléandonu, G. (1994). *Wilfred Bion*. London: Free Association.

Blondel, M. (1893). *Action*. Notre Dame, IN: University of Notre Dame Press, 1984.

Bonham Carter, V. (1966). *Winston Churchill as I Knew Him*. London: The Reprint Society.

Bonhoeffer, D. (1970). *Ethics*. London: Collins, Fontana Library.

Bryant, A. (1969). *The Lion and the Unicorn*. London: Collins.

Buber, M. (1937). *I and Thou*. 2nd edition. R. G. Smith (Trans.). Edinburgh: T. & T. Clark, 1987.

Chesterton, G. K. (1905). *Heretics*. London: Bodley Head.

Chesterton, G. K. (1910). *What's Wrong with the World*. London: Cassell.

Chesterton, G. K. (1938). *Autobiography*. London: Hutchinson.

Cicero. Laelius: On Friendship. In: *Cicero on the Good Life* (pp. 204–205). London: Penguin, 1984.

Damasio, A. (2003). *Looking for Spinoza*. London: William Heinemann.

Dennett, D. C. (1993). *Consciousness Explained*. London: Penguin.

Dilthey, W. (1989). The Facts of Consciousness ("Brelau Draft"). In: *Selected Works—Introduction to the Human Sciences* (pp. 287–288). Princeton, NJ: Princeton University Press.

Eckhart, Meister. *Selected Treatises and Sermons*. Collins, Fontana Library, 1963.

Eckhart, Meister. *The Essential Sermons, Commentaries, Treatises and Defense.* E. Colledge & B. McGinn (Trans.). Mahwah, NJ: Paulist, 1981.

Eliot, G. (1874). *Middlemarch.* London: Penguin, 1973.

Ellenberger, H. F. (1970). *The Discovery of the Unconscious.* London: Allen Lane/Penguin.

Ferro, A. (2005). *Seeds of Illness, Seeds of Recovery.* P. Slotkin (Trans.). Hove, UK: Brunner-Routledge.

Freud, S. (1912e). Recommendations to physicians practising psychoanalysis. *S. E., 12.* London: Hogarth.

Freud, S. (1913i). The disposition to obsessional neurosis. *S. E., 12.* London: Hogarth.

Freud, S. (1914d). On the history of the psycho-analytic movement. *S. E., 14.* London: Hogarth.

Freud, S. (1915d). Repression. *S. E., 14.* London: Hogarth.

Freud, S. (1915e). The unconscious. *S. E., 14.* London: Hogarth.

Freud, S. (1917e). Mourning and melancholia. *S. E., 14.* London: Hogarth.

Freud, S. (1919a). Lines of advance in psycho-analytic therapy. *S. E., 17.* London: Hogarth.

Freud, S. (1923b). *The Ego and the Id. S. E., 19.* London: Hogarth.

Freud, S. (1930a). *Civilization and its Discontents. S. E., 21.* London: Hogarth.

Freud, S. (1940b). Some elementary lessons in psycho-analysis. *S. E., 23.* London: Hogarth.

Grossman, V. (1995). *Life and Fate.* London: Harvill Press.

Harré, H. R. (1983). *Personal Being.* Oxford: Blackwell.

216 REFERÊNCIAS

Hilgard, E. R. & Atkinson, R. C. (1967). *Introduction to Psychology.* 4th edition. New York: Harcourt, Brace & World.

Hobson, P. (2002). *The Cradle of Thought.* London: Macmillan.

Honeywill, R. (2008). *Lamarck's Evolution.* Sydney, Australia: Murdoch/Pier 9.

Jones, E. (1972). *Sigmund Freud—Life and Work,* vol. 1. London: Hogarth.

Jung, C. G. (1963). *Memories, Dreams, Reflections.* London: Flamingo, Fontana Paperbacks, 1977.

Kelley, C. F. (1977). *Meister Eckhart on Divine Knowledge.* New Haven, CT: Yale University Press.

Klauber, J. (1981). *Difficulties in the Analytic Encounter.* New York: Jason Aronson.

Laplanche, J. & Pontalis, J.-B. (1973). *The Language of Psycho-analysis.* London: Hogarth and Institute of Psycho-Analysis.

Lhote, A. (1998). *Classic Cézanne.* Art Gallery of New South Wales: Thames and Hudson.

Macmurray, J. (1949). *Conditions of Freedom.* Toronto, Canada: Ryerson.

Macneile Dixon, W. (1958). *The Human Situation.* London: Penguin.

Mann, P. & Mann, S. (2008). *Sargy Mann. Probably the Best Blind Painter in Peckham.* London: SP Books.

March, P. (2004). *The Mind as Relation.* (Privately circulated.)

McCann, Abbot J. (Ed.) (1952). *The Cloud of Unknowing and Other Treatises by an English Mystic of the Fourteenth Century.* London: Burns Oates.

Meredith, G. (1919). *The Egoist.* London: Constable.

Milner, M. (1934). *A Life of One's Own.* London: Virago, 1986.

Milner, M. (1937). *An Experiment in Leisure.* Los Angeles, CA: J. P. Tarcher, 1987.

Milner, M. (1987). *The Suppressed Madness of Sane Men*. London: Tavistock.

Mithen, S. (1996). *The Prehistory of the Mind*. London: Thames & Hudson.

Montaigne, M. de (1991). *On the Power of the Imagination*. In: M. A. Screech (Trans.), *The Complete Essays* (pp. 109–120). London: Penguin.

Newman, J. H. (1875). *Parochial and Plain Sermons, vol. III*. London: Rivingtons.

Newman, J. H. (1927). *The Idea of a University*. New York: Longmans, Green.

Off, C. (2008). *Bitter Chocolate*. St Lucia, Australia: University of Queensland Press.

Ogden, T. H. (2009). *Rediscovering Psychoanalysis*. London: Routledge, New Library of Psychoanalysis.

Orwell, G. (1957). *Shooting an Elephant*. In: Inside the Whale and Other *Essays*. London: Penguin.

Parsons, T. (1964). *Social Structure and Personality*. London: Free Press, 1970.

Penrose, R. (1971). *Picasso*. London: Penguin.

Polanyi, M. (1959). *The Study of Man*. Chicago, IL: University of Chicago Press.

Shirley-Price, L. (Trans.) (1959). *The Little Flowers of St. Francis*. London: Penguin.

Shulman, D. (2005). *Is the Artist's Imagination Free? A View from Mediaeval India*. (Privately circulated.)

Soames, M. (Ed.) (1999). *Speaking for Themselves. The Personal Letters of Winston and Clementine Churchill*. (Letter of 20 December 1915.) London: Black Swan.

Sobel, D. (1998). *Longitude*. London: Fourth Estate.

218 REFERÊNCIAS

Solovyov, V. (1918). *The Justification of the Good*. London: Constable's Russian Library.

Streeter, B. H. (1935). *Reality*. London: Macmillan.

Suttie, I. D. (1939). *The Origins of Love and Hate*. London: Kegan Paul, Trench, Trübner.

Symington, N. (2002). *A Pattern of Madness*. London: Karnac.

Symington, N. (2004). *The Blind Man Sees*. London: Karnac.

Tillich, P. (1964a). *The Courage to Be*. London: Collins, Fontana Library.

Tillich, P. (1964b). *The Shaking of the Foundations*. London: Penguin.

Tillich, P. (1973). *Boundaries of Our Being*. Collins, Fontana Library.

Tolstoy, L. N. (1869). *War and Peace*. London: Penguin, 1986.

Tolstoy, L. N. (1877). *Anna Karenina*. R. Edmonds (Trans.). London: Penguin, 1986.

Tolstoy, L. N. (1899). What is art? In: *The Complete Works of Lyof N. Tolstoi* (pp. 1–203). New York: Thomas Y. Crowell.

Turnbull, C. (1961). *The Forest People*. London: Granada, Triad Paladin.

Vygotsky, L. S. (1962). *Thought and Language*. Cambridge, MA: MIT Press, 1975.

Warnock, M. (1979). *Existentialism*. Oxford: Oxford University Press.

Whitehead, A. F. (1958). *An Introduction to Mathematics*. Oxford: Oxford University Press.

Wilson, A. N. (1988). *Tolstoy*. London: Hamish Hamilton.

Índice remissivo

aceitação, 21-22, 64, 118, 128, 184
  evitação e, 17, 45, 61, 62, 104, 112,
    129, 142, 146, 148, 177, 183-
    184, 188, 190, 210
adesiva, identificação 21
amizade, 38-40, 179
amor, 25, 62, 64, 71-72, 82, 90, 92, 94,
    100, 111, 126, 139, 141-143,
    147, 157, 167, 169, 176-177,
    179, 185, 192, 203
conhecimento e, 179
personalidade e, 100, 121, 137,
    141, 143, 146
confiança e, 100, 139, 157
anosognosia, 17-18
Anna Karenina, 25, 51, 88
Aries, P., 119
Aristóteles, 179, 205

arte, o que é, 38
atenção, 25, 27-28, 54, 59, 92-93, 96,
    111, 122, 128, 131, 133, 143-
    145, 149, 161-164, 170, 199,
    211-212
Atkinson, R. C., 210
autismo, 18-19
autoexpressão, concepção freudiana,
    72

Balkanyi, C., 39
Bergson, Henri, 28, 129, 201-202, 211
Berlin, Isaiah, 26-27, 132, 149
Berliner Physicalische Gessellschaft,
    132
Besetzung, 161-162
beta, elementos, 32, 67-68, 89
bhavana, 91-93, 96-97, 104

220 ÍNDICE REMISSIVO

e linguagem, 96
Bick, E. S., 21
"big bang" da cultura humana, 38
Bion, W. R., 10, 19, 29, 32, 60-61, 67,
 74-75, 79, 90, 99, 143, 146,
 149-150, 162-163, 168-169,
 180, 192, 198-199, 202, 204-
 205, 209-210, 212
Birch, C., 77-78
Bléandonu, G., 145
Blondel, M., 78, 81-82, 89, 161-162,
 180, 188
Bonham Carter, V., 208-209
Bonhoeffer, D., 204
Brücke, Ernest, 104, 131
Bryant, A., 102, 180
Buber, M., 14, 21

cacahuatl, 157
calvinismo, 119
Cântico do Irmão Sol, 172
catexia, 145, 161
caverna, pinturas, na Austrália, 37, 170
centrípeto e centrífugo, movimentos,
 146
Chesterton, G. K., 12, 168-169, 180, 200
Christmas Carol, A, 164
Cícero, 40
Civilização, O Mal-estar na, 181
complexo de Édipo, 43, 49
compreensão, 8, 12, 21, 23-24, 26-27,
 43, 46, 51-57, 59-60, 75, 85-
 88, 100, 106-107, 110, 112-
 114, 128, 131, 144, 152, 163,

 165, 167, 176, 178, 189, 199
comunicação, 36, 38-41, 45, 51-52,
 55, 66, 68-69, 79, 85, 89,
 197, 206
conjunção, 39, 58, 74, 170
conhecimento,
 forma diferente de, 26
 amor e, 26
consciência, 13-14, 19-20, 34, 45, 58, 79,
 82, 104, 106, 111, 121, 159,
 166, 178, 189, 197, 201, 205
consciência estendida e nuclear, 166
contemplação, 212
crença, 17, 85, 87, 91-92, 94-95, 120,
 132, 136, 138, 149, 172,
 182-183
criacionismo periódico, 153
criativo, princípio, 33, 46-48, 67, 78,
 80, 83, 99, 103, 107-109, 136,
 160, 172, 193, 207
 gerando a pessoa, 67, 83
 manifestações, 33, 51, 83, 87, 89,
 107
crise do sepultamento, 35
curar, 17
Cuvier, Georges, 152

dados da experiência, 144
Damasio, A., 65, 166-167
Darwin, C., 60, 63, 115, 150, 153-154,
 169, 204, 210
deísmo, 153
Dennet, D. C., 13
depressão, 191, 194, 196, 205
depressiva, posição, 105-106

NEVILLE SYMINGTON 221

descarga violenta, 70

desejo, 16-17, 19,26, 35, 44, 47-48, 63,
71-72, 90, 92, 101, 108, 112-
115, 118, 121, 133, 157, 160,
179, 185, 199, 204

e imagens, 36

memória e, 199

determinismo e intencionalidade,
127-129

Diálogos sobre a amizade, 40

Dilthey, W., 69

discurso e verbalização, 39

disposição tratada injustamente, 194

dor, 17, 20, 87, 100, 104, 128, 135, 137,
145-146, 164, 177, 182-184,
188-190

e turbulência, 137, 141

evitação da, busca de prazer e 17,
104, 129, 142, 146, 177, 183-
184, 188, 190

da solidão 20, 58, 72, 160

Eckhart, Meister, 55, 94, 110, 168, 179

ego, 23, 47, 75, 80, 104, 110-111, 161-
162, 167, 173, 188

Egoísta, O, 78, 210

Eliot, G., 151, 176

Ellenberger, H. F., 210

emoção da morte, 26, 192

emocional, acontecimento, 61

emoções, 63-64, 66, 195

em relação, 42, 71-72, 76-77, 81, 136,
147, 162, 170-171

entrare, 43, 45, 57, 59-60

Epístola do Conselho Privado, 184

eslavófilos, 75

"espírito cômico", 78, 80-81

Existentialism, 152

Ferro, A., 68

Freud, S., 19, 23, 38, 47, 58, 60, 62-63,
73-75, 79, 100, 104, 109, 111,
117-121, 124-125, 131-135,
140, 145, 150, 159, 161-163,
167-169, 172, 180, 181-185,
188-190, 193, 196, 208-212

função alfa, 19, 74

Grossman, V., 11

Guerra e Paz, 47

Harré, H. R., 13

Hilgard, E. R., 210

história de Simantini, *précis* da, 90-92,
94, 108

Hobson, Peter, 20, 181

homeostática, teoria, 140

hominização, 34, 38, 115

homo erectus, 151, 154

homo neanderthalensis, 34

homo sapiens sapiens, 34, 189

homossexualidade, 118, 120, 134

Honeywill, R., 153

Houphouet-Boigny, Félix, 158

huguenotes, 119

humano, cérebro, 154

ignóbil, propósito, 155-156, 158

222 ÍNDICE REMISSIVO

imagens, desejo e, 36
imparcial, propósito, 157
infantil, transferência, 126
instituições, 207
intelecto, 28-29, 31-32, 126, 131, 198-199, 205
inteligência, 28-29, 31, 126
intencionalidade, 41, 127-128, 201-202
e determinismo, 127-128, 132
interior, espelho, 80-81
interiorização mútua, 26-27
Interpretação dos Sonhos, A, 185
intuição, 22, 24, 75, 84, 100, 105, 179, 197, 205
isolamento, liberação do, 135

Jones, E., 132
Jung, C. G., 111, 120, 125, 150, 168, 180

Kelley, C. G., 110
Klauber, J., 7, 205
Klein, M., 60, 62-63, 79, 105-106, 112, 156, 180, 208
Knox, John, 119

Lamarck, J., 152-154, 204
Laplanche, J., 161
Lhote, André, 79
liberdade, 15, 59, 127, 143, 165, 177, 182-185, 188
linguagem, 11, 14, 37-39, 52, 63-66, 84, 96, 116, 185, 208
bhavana e, 91-92, 93
loucura, 39, 43-44, 95, 146, 170, 176-177

e sanidade, 31
e sabedoria, 86
luto, 40, 100, 191-194, 196, 205-206

Macmurray, J., 168, 180-184, 188, 193
McCann, Abbot J., 184
Macneile Dixon, W., 13, 129
March, P., 21-22
melancolia, essência da, 196
memória (*smrti*), 92
memórias encobridoras, 57-59
mental, doença, 39, 103, 118, 120, 125, 132
Meredith, G., 78-81, 211
Middlemarch, 176
Milner, M., 29-30, 33, 163, 183, 202
mente, 21, 27, 30, 34, 38, 43, 48, 61, 65, 72, 79-80, 85, 90, 93, 100, 109-110, 188, 122, 125, 131, 134, 141, 144, 162-163, 170, 172-173, 175-176, 183, 187, 194, 198, 200, 205, 208, 211
e cérebro, 18-19
estado passivo da, 106
Mithen, S., 38
modelo neodarwiniano, 154
modos aderente e em relação, 76, 81, 136, 147, 162, 170-171
Montaigne, M., 91
Mourning and Melancholia, 196

neurose, 109, 118, 120-121, 123-125, 132, 141, 161, 207
Newman, J. H., 93, 105, 109, 150-151

NEVILLE SYMINGTON 223

Noumenon, 49, 106, 111, 126, 198

observação, 24, 110, 161, 204-206
obsessiva, neurose, 141, 207
ódio, 43, 61, 64, 70, 100, 103-104, 120, 139, 141-142 -143, 145, 147, 157, 177, 209
"O", realidade de, definida, 205
Off, C., 158
Ogden, T. H., 171
Orwell, G., 44-45, 47

pareamento, de palavras, 53
Parsons, T., 135, 159, 208
participação, paciente e analista na realidade, "O" 204
Patterne, Willoughby, 79, 81
Penrose, R., 31, 205
percepção, 87, 103, 121, 125-126, 164, 205
personalidade, e amor, 100, 125, 138, 141, 143, 146-147
pessoa,
  a análise criando, 15
  indivíduo e, 31
  organizações esmagando a, 155
  resistência a tornar-se, 137-138, 152
pintura na caverna de Chauvet, 37, 170
Polanyi, Michael, 26-27, 43, 56, 100, 114, 128
Pontalis, J. -B., 161
posição esquizoparanoide, 105, 112, 180

pragmático, conhecimento, 165-166
prartyabhijna, 92-94
preocupação maternal primária, 167
princípio totalmente inclusivo, 31, 46-48, 52, 99-100, 103, 112-114, 118, 138-139, 142, 145, 147, 175, 191
problemas, determinação histórica, 117, 127
processo-*eu*, 29, 31
propósito nobre, 155-156, 158
proximidade vinculada, 21, 23, 88
puritanismo, 119-120

realidade espiritual, 76
realização, representação e, 51-52
relação, modos aderente e em, 76, 126
relacionar-se, capacidade de, 27, 77, 181,196
representação e realização, 51-52
repressão, 109-111, 118, 120-121, 125, 132-134, 161-162
  da sexualidade, 118, 120-121, 132, 161
rêverie, 75, 162-163, 211-212
ritual de sepultamento, 34, 40

sabedoria, loucura e, 86
sabedoria do coração, 179-181
selecionado, fato, 99, 192
sensações, 48, 95, 125, 167, 176, 180
separação, 41-42, 157
ser e não ser, 147
sexuais, desejos, 118, 134

224 ÍNDICE REMISSIVO

sexualidade, repressão da, 118, 120-121, 125

Shirley-Price, L., 172

Shulman, D., 8, 93

Sidarta, 164-165

significado, como experiência subjetiva da unidade, 99, 111

Sínodo de Paris, 119

Soames, M., 143

Sobel, D., 151

solidão, 20, 58, 72, 160

solidariedade, princípio de, 75

Solovyov, Vladimir, 56, 66, 73-75, 115, 168, 192, 207

sonhar, 19

Spinoza, B., 198

Streeter, B. H., 129, 152

subjetiva, função, 68

sublimação, 47, 172

substância, 21, 45, 64, 67, 72, 131, 144, 198-199, 211

superego, conceito de, 134-135, 159, 208

Suttie, I. D., 72

Symington, N., 9-10, 23, 107

tábula rasa, 172

teoria da motivação estímulo-resposta 138

Tillich, P., 39, 113,116, 127, 147-148

Tolstói, L., N. 25, 38, 47, 51-52, 75, 88, 143, 150, 168-169, 180, 205, 209-210

toque, 195

tragédia, aspecto da, 94, 113, 137, 146-152

transição do paleolítico médio ao superior, 34-38, 41-42, 45

transitivo e formativo, poder, 93

Trindade, 171

turbulência, dor e, 137

Turnbull, C., 160

unificação, princípio de, 79-80

verbalização, discurso e, 39

vergonha, 20, 53, 61-62, 73, 76, 100, 114, 126, 137, 145, 177, 200

Vico, Giambattista, 18-19, 26, 149, 151

vida, definição, 73, 83, 113, 115, 129-131, 146, 152-153, 181-183, 204

vínculo como-cola, 23, 70, 195

Warnock, M., 152

Whitehead, A. N., 117

Wilson, A. N., 209-210